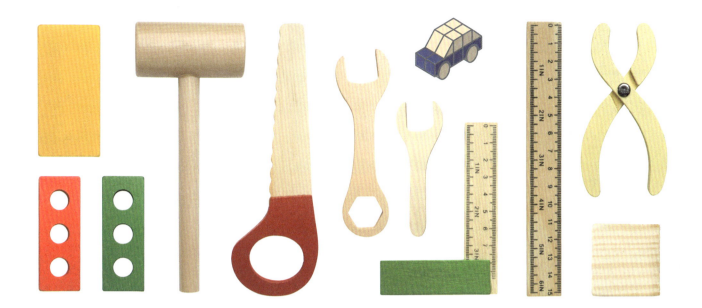

やさしく学ぶ AutoCAD LT

AutoCAD LT **2020** / 2019 / 2018 / 2017 対応　　芳賀百合=著

本書をご購入・ご利用になる前に必ずお読みください

- 本書の内容は、執筆時点（2019年5月）の情報に基づいて制作されています。これ以降に製品、サービス、その他の情報の内容が変更されている可能性があります。また、ソフトウェアに関する記述も執筆時点の最新バージョンを基にしています。これ以降にソフトウェアがバージョンアップされ、本書の内容と異なる場合があります。
- 本書は、AutoCAD LT 2020/2019/2018/2017の解説書です。本書の利用に当たっては、AutoCAD LT 2020/2019/2018/2017がパソコンにインストールされている必要があります。
- AutoCAD LTのダウンロード、インストールについてのお問合せは受け付けておりません。またAutoCAD LT無償体験版については、開発元・販売元および株式会社エクスナレッジはサポートを行っていないため、ご質問は一切受け付けておりません。
- 本書はWindows 10がインストールされたパソコンで、AutoCAD LT 2019を使用して解説を行っています。そのため、画面はAutoCAD LT 2019のものですが、内容はAutoCAD LT 2020/2018/2017でも検証済みです。ただし、ご使用のOSやアプリケーションのバージョンによって、画面や操作方法が本書と異なる場合がございます。
- 本書は、パソコンやWindowsの基本操作ができる方を対象としています。
- 本書の利用に当たっては、インターネットから教材データをダウンロードする必要があります（P.10参照）。そのためインターネット接続環境が必須となります。
- 教材データを使用するには、AutoCAD LT 2020/2019/2018/2017が動作する環境が必要です。これ以外のバージョンでの使用は保証しておりません。
- 本書に記載された内容をはじめ、インターネットからダウンロードした教材データ、プログラムなどを利用したことによるいかなる損害に対しても、データ提供者（開発元・販売元等）、著作権者、ならびに株式会社エクスナレッジでは、一切の責任を負いかねます。個人の責任においてご使用ください。
- 本書に直接関係のない「このようなことがしたい」「このようなときはどうすればよいか」など特定の操作方法や問題解決方法、パソコンやWindowsの基本的な使い方、ご使用の環境固有の設定や特定の機器向けの設定などのお問合せは受け付けておりません。本書の説明内容に関するご質問に限り、P.223のFAX質問シートにて受け付けております。

以上の注意事項をご承諾いただいたうえで、本書をご利用ください。ご承諾いただけずお問合せをいただいても、株式会社エクスナレッジおよび著作権者はご対応いたしかねます。予めご了承ください。

- Autodesk、Autodeskロゴ、AutoCAD、AutoCAD LTは、米国Autodesk,Incの米国およびそのほかの国における商標または登録商標です。
- 本書中に登場する会社名や商品名は一般に各社の商標または登録商標です。本書では®およびTMマークは省略させていただいております。

カバーデザイン	坂内正景
編集協力	株式会社トップスタジオ
図面監修	阿部秀之（有限会社アーキビット）
印刷	図書印刷株式会社

はじめに

本書はAutoCAD LTをはじめて使う人のために、基本的な操作を解説した書籍です。
AutoCAD LTには便利な機能も多いですが、最初からすべてをおぼえる必要はありません。
最低限の機能を繰り返し使うことでAutoCAD LTの操作に慣れてから、徐々にステップアップして下さい。

教材データは、インターネットからダウンロードができるようになっており、見本を確認しながら操作ができるようになっております。

第1章～第2章では簡単な線や円をかいて基本的な操作を学習し、第3章では図面作成と印刷を行います。第4章では図面のひな形（テンプレート）の作成方法、そして第5章では、筆者が長年AutoCADのインストラクターを務めてきた経験を生かし、初心者が間違いやすいさまざまなトラブルについても補足しています。

本書ではAutoCAD LT 2019を使用していますが、他のバージョン（2017、2018、2020）のAutoCADやAutoCAD LTでも学習が進められるように、バージョンごとの操作方法の違いを解説しています。本書をきっかけに皆さんがAutoCAD LTでさまざまな図面作成ができるよう、応援しています。

最後になりますが、執筆するにあたりご協力を頂いた阿部秀之さんにこの場を借りてお礼を申し上げます。

2019年6月
芳賀百合

目 次

本書について 6

本書の表記について 7

教材データのダウンロードについて 10

AutoCAD LT について 12

第1章 基本操作をおぼえよう 13

1.1 AutoCAD LTの画面各部の名称 14

1.2 AutoCAD LTの起動と設定 16

1.3 ファイルを新規作成する 19

1.4 クリックで線分をかく 21

1.5 図形を選択／削除する 24

1.6 ファイルを開く 29

1.7 作図領域を拡大／縮小／移動する 31

1.8 ファイルを保存する／閉じる 36

第2章 線や基本形状を作図しよう 37

2.1 練習用ファイルの準備と使い方 38

2.2 線分をかく 39

2.3 長方形／円／円弧をかく 54

2.4 図形を複写／回転する 61

2.5 図形を削除／延長する・角を作る 73

2.6 画層を操作する 89

第3章 図面を作成しよう 97

3.1 図面作成を始める前に 98

3.2 通り芯をかく 99

3.3 寸法をかく 114

3.4 通り芯記号を作成する 122

3.5	壁と柱をかく	127
3.6	開口部を作成する	156
3.7	建具と設備を配置する	171
3.8	部屋名をかく	179
3.9	印刷する	184

第4章　テンプレートを作成しよう　187

| 4.1 | テンプレート作成と図面設定 | 188 |

第5章　トラブル解決集　207

ファイル選択のダイアログボックスが表示されない	208
作図領域の色が違う	208
図形が1つしか選択できない	210
作図領域に「プロンプト」が表示されない	210
ホイールボタンがうまく機能しない①	211
ホイールボタンがうまく機能しない②	212
ナビゲーションバーが表示されていない	213
数値が入力できない	213
画層が変更できない	214
線色や線種が異なる	215
クリックしても線分がかけない	215
指定した角度で回転できない	216
【延長】コマンドで図形が延長できない	216
【長さ変更】で図形の反対側が延長（短縮）される	216
右クリックしてもコンテキストメニューが表示されない	217
【プロパティ】パレットが表示されない	217
クリックしてもオフセットされない	218
拡張子が表示されない	218

| 索引 | 219 |
| FAX質問シート | 223 |

本書について

本書の内容

本書は、オートデスクの汎用CAD「AutoCAD LT」の初心者向け解説書です。初めてAutoCAD LTを使うユーザーや、AutoCAD LTを使い始めたばかりのユーザーが、基本的な操作を習得し、簡単な図面作成ができるようになることを目的としています。

本書の内容はAutoCAD LT 2020/2019/2018/2017に対応しています。

本書の解説で使用している練習用ファイルは、インターネットからダウンロードできるようになっています。AutoCAD LT 2020/2019/2018/2017と練習用ファイルを使用しながら、本書の内容に沿って操作することで、より理解が深まるような構成となっています。

本書の練習用ファイルを使用する際には、必ず本書P.10～11をお読みください。

本書が対応しているAutoCAD LTのバージョン

本書は、AutoCAD LT 2019の画面を使って解説していますが、最新バージョンであるAutoCAD LT 2020、および旧バージョンのAutoCAD LT 2018/2017の操作にも対応しています。画面や操作が大きく異なる場合は、それぞれのバージョンについて操作画面や操作方法を記載しています。ご自分が使用しているバージョンごとの操作説明にしたがって操作してください。

操作が同じ、またはほとんど同じ場合にはAutoCAD LT 2020/2019の操作を解説しています。旧バージョンのユーザーは、本書中の注意事項にしたがって、適宜、内容を読み替えながら操作してください。

なお、練習用ファイルはAutoCAD LT 2020/2019/2018/2017に対応しています。練習用ファイルを使用する際にはP.10～11を必ずお読みください。

本書の表記について

ページの構成

本書の作図練習ページは以下のような構成になっています。読み進める上で参考にしてください。

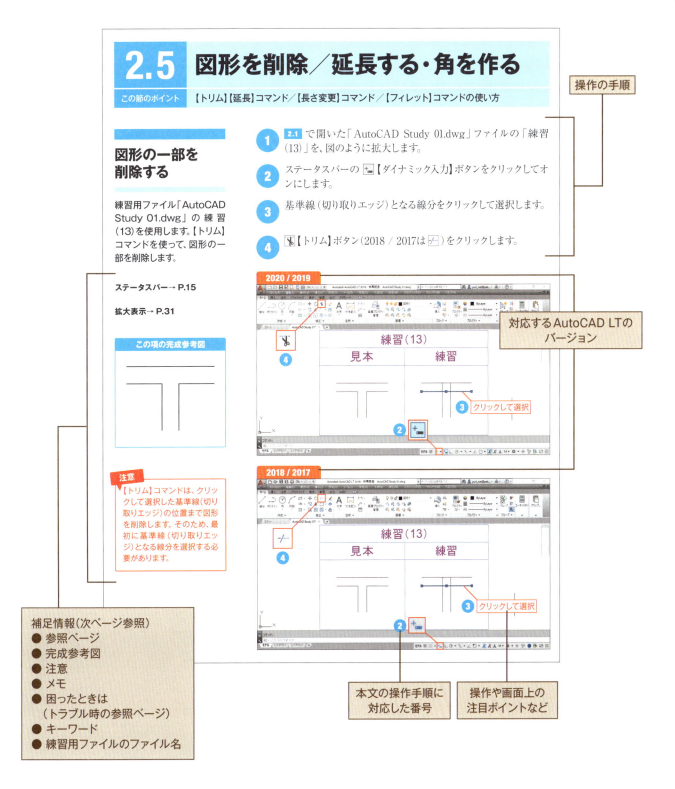

補足情報

各ページの左側には、本文に関連するさまざまな補足情報を記載していますので、操作の際の参考にしてください。補足情報には、以下のようなものがあります。

補足情報例	内容
メモ 手順❺と❻で行った画層設定は、再度設定を変更するかAutoCAD LTを終了するまで維持されます。	操作時のポイントや覚えておきたいこと、覚えておくと便利なことがらについて記載しています。
注意 【トリム】コマンドは、クリックして選択した基準線（切り取りエッジ）の位置まで図形を削除します。そのため、最初に基準線（切り取りエッジ）となる線分を選択する必要があります。	AutoCAD LTのバージョンや設定の違いによる操作方法の相違点などといった、操作上の注意点を記載しています。
▶▶困ったときは 指定した角度で回転できない → P.000	手順どおりに操作が行えないといった問題について、解決方法を詳しく解説している参照ページを示しています。
ツールバー→ P.000	関連する操作や機能について解説しているページを示しています。
🔍 ブロック 「ブロック」とは、複数の図形や文字などを組み合わせた複合図形のことです。図面記号や建具などに使用されます。	本文中に出てくる重要な用語やコマンド名について解説しています。
📄 **ここからはじめる** 「AutoCAD Study」フォルダ→ch03-601.dwg	本書の教材データに収録されている練習用ファイルを使用して、左の「ここからはじめる」マークがあるページから操作を始めることができます。記載してあるファイル名の練習用ファイルを使用してください。練習用ファイルを使用する前に、必ずP.10〜11をお読みください。

本文中の表記

本文中では、以下のような表記規則にしたがってメニュー名やコマンド名を表記しています。

■ AutoCAD LT 画面上の用語の表記

メニュー名、ボタン（コマンド）名、ダイアログボックス名など、AutoCAD LTの画面上に表示される用語は【】で囲んでいます。
（例）【線分】ボタン、【オフセット】コマンド、【形式】メニューの【文字スタイル管理】、【作図補助設定】ダイアログボックスなど。

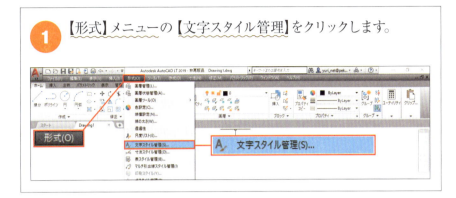

① 【形式】メニューの【文字スタイル管理】をクリックします。

② 表示される【文字スタイル管理】ダイアログボックスの【新規作成】ボタンをクリックします。

■ キー入力時のキー名称

キーボードのキー名称は、黒い四角に白い字で記載しています。なお、キー名称はすべてWindowsで使用するものです。

① **3.3** の手順⑭から続けます。
キーボードから「ATTDIA」と入力し、**Enter** キーを押します。

⑥ キーボードの **Shift** キーを押しながら、作図領域の任意の位置を右クリックします。

■ マウス操作の表記

マウス操作の「左クリック」は「クリック」、「右クリック」は「右クリック」と表記しています。
また、「ドラッグ」と「ドラッグ＆ドロップ」の操作方法は右のとおりです。

クリック	左クリック（マウスの左ボタンを1度押してすぐ放す）
右クリック	右クリック（マウスの右ボタンを1度押してすぐ放す）

ドラッグ	移動する対象の上でマウスの左ボタンを押し、押したままマウスを移動する
ドラッグ＆ドロップ	移動する対象の上でマウスの左ボタンを押し、押したままマウスを移動して、目的の場所でマウスの左ボタンを放す

教材データのダウンロードについて

教材データのダウンロード方法

本書を使用するにあたって、まず本書の解説で使用している教材データをインターネットからダウンロードする必要があります。Webブラウザ（Microsoft Edge、Internet Explorer、Google Chrome、FireFox）を起動し、以下のURLのWebページにアクセスしてください。

http://xknowledge-books.jp/support/9784767826325/

教材データのZIPファイルを解凍すると、「AutoCAD Study」というフォルダが作成され、その中に練習用ファイルが入っています。本書では、この「AutoCAD Study」フォルダをデスクトップに移動したものとして解説をします。

 教材データをダウンロードされる前に必ずお読みください

- 図のような本書の「サポート＆ダウンロード」ページが表示されたら、記載されている注意事項を必ずお読みになり、ご了承いただいたうえで、教材データをダウンロードしてください。
- 教材データはZIP形式で圧縮されています。ダウンロード後は解凍して、デスクトップなどわかりやすい場所に移動してご使用ください。
- 教材データを使用するには、AutoCAD LT 2020/2019/2018/2017が動作する環境が必要です。これ以外のバージョンでの使用は保証しておりません。
- 教材データに含まれるファイルやプログラムなどを利用したことによるいかなる損害に対しても、データ提供者（開発元・販売元等）、著作権者、ならびに株式会社エクスナレッジでは、一切の責任を負いかねます。
- 動作条件を満たしていても、ご使用のコンピュータの環境によっては動作しない場合や、インストールできない場合があります。予めご了承ください。

本書の教材データの収録内容

教材データのZIPファイルには、本書の解説で使用している練習用ファイルを収録しています。練習用ファイルはAutoCAD LT 2020/2019/2018/2017に対応しています。
練習用ファイルのファイル名と、本書中での使用ページは以下のとおりです。

ファイル名	使用ページ	内容
AutoCAD Study 01.dwg	P.29 P.38	第1章 基本操作を覚えよう 第2章 線や基本形状を作図しよう
AutoCAD Study 02.dwg	P.99	第3章 図面を作成しよう

第3章の途中から始める場合は、以下の練習用ファイルを使用してください。

ファイル名	使用ページ	内容
ch03-201.dwg	P.103	トイレと給湯室の通り芯をかく
ch03-202.dwg	P.108	通り芯の長さを調節する
ch03-301.dwg	P.114	寸法記入の補助線をかく
ch03-302.dwg	P.117	寸法をかく
ch03-401.dwg	P.122	通り芯記号のブロックを挿入する
ch03-501.dwg	P.127	外壁をかく
ch03-502.dwg	P.132	柱をかく
ch03-503.dwg	P.139	柱と壁を結合して角を作成する①
ch03-504.dwg	P.145	柱と壁を結合して角を作成する②
ch03-505.dwg	P.147	トイレと給湯室の壁をかく
ch03-601.dwg	P.156	通り芯X1の壁の開口部を作成する
ch03-602.dwg	P.162	トイレと給湯室の開口部を作成する
ch03-701.dwg	P.171	窓とドアを配置する
ch03-702.dwg	P.174	トイレとキッチンを配置する
ch03-801.dwg	P.179	【文字記入】コマンドで部屋名をかく
ch03-901.dwg	P.184	A4サイズの用紙に1/100の縮尺で印刷する

AutoCAD LTについて

動作環境

AutoCAD LTは、米オートデスク社が提供している汎用CADソフトウェアで、2D（2次元）の図面を作成することができます。
AutoCAD LT 2020（Windows版）をインストールして実行するには、次のような環境が必要です。

OS	Microsoft Windows 7 SP1（64ビットのみ。更新プログラムKB4019990のインストールが必要） Microsoft Windows 8.1（64ビットのみ。更新プログラムKB2919355のインストールが必要） Microsoft Windows 10（64ビットのみ。バージョン1803以降）
CPU	最小：2.5〜2.9GHzのプロセッサ 推奨：3GHz以上のプロセッサ
メモリ	最小：8GB 推奨：16GB
画面解像度	従来型ディスプレイ：True Color 対応 1920 x 1080 高解像度および4Kディスプレイ：Windows 10、64ビットシステムでサポートされる最大3840 x 2160の解像度（対応するディスプレイカードが必要）
ディスプレイカード	最小：帯域幅29GB/秒の1GB GPU（DirectX 11互換） 推奨：帯域幅106GB/秒の4GB GPU（DirectX 11互換）
ディスク空き容量	6.0GB
ブラウザ	Google Chrome（AutoCAD Webアプリ用）
ポインティングデバイス	マイクロソフト社製マウスまたは互換製品
.NET Framework	.NET Framework バージョン4.7

無償体験版

オートデスク社のWebページから、インストール後30日間無料で試用できる無償体験版をダウンロード可能です。試用期間中は、製品版と同等の機能を利用できます。なお、無償体験版はオートデスク社のサポートの対象外です。

※AutoCAD LT 2020無償体験版の動作環境は、上記の環境に準じます。

※当社ならびに著作権者、データの提供者（開発元・販売元）は、無償体験版に関するご質問について、ダウンロードやインストールなどを含め一切受け付けておりません。あらかじめご了承ください。

ダウンロードするには、オートデスク社のWebサイトのトップページ（http://www.autodesk.co.jp/）上部のメニューバーから［無償体験版］をクリックします。製品一覧から［AutoCAD LT］をクリックします。［無償体験版をダウンロード］をクリックして操作を進め、Autodeskアカウントでのサインインが求められたら、サインインしてダウンロードを開始します（2019年5月現在の方法）。

Autodeskアカウントをお持ちでない場合は、サインイン画面の「アカウントを作成」のリンクから作成できます。

第 1 章

基本操作を
おぼえよう

この章では、AutoCAD LTで作図するために必要な、
最小限の基本操作を学びます。

この章で学ぶこと

- AutoCAD LTを起動／
  終了する
- 作図環境設定を変更する
- ファイルを新規作成する
- クリックで線分をかく
- 図形を選択する
- 図形を削除する
- ファイルを開く
- 作図領域を拡大する
- 作図領域を縮小する
- 作図領域を移動する
- ファイルを保存する
- ファイルを閉じる

1.1 AutoCAD LTの画面各部の名称

この節のポイント 画面各部の名称と概要

❶ 作図領域
作図を行うスペースです。

❷ アプリケーションボタン
クリックするとアプリケーションメニューが表示され、履歴からファイルを開いたり、コマンドの検索をしたりできます(コマンドの検索→P.96)。

❸ クイックアクセスツールバー
保存や印刷などのコマンドが実行できます。

❹ メニューバー
クリックすると表示されるプルダウンメニューから、AutoCAD LTの主なコマンドを実行できます。メニューの内容については次ページを参照してください。

❺ リボン
線分や図形の作成をはじめ、編集や加工などさまざまな操作を行うためのツールが用意され、コンパクトに配置されています。ボタンをクリックして選択します。

❻ ファイルタブ
開いているファイルを切り替えます。

❼ コマンドウィンドウ
「コマンドライン」とも呼ばれます。AutoCAD LTでは、メニューやツールなどを使用して特定の操作を行うための命令を「コマンド」と呼びます。コマンドウィンドウには、現在選択しているツールの操作手順やオプション(追加操作)手順が表示されます。また、直接コマンドやシステム変数を入力して実行する場合もあります(システム変数→P.122)。

❽ ステータスバー
線や図形の作図を行う際に、目的に合わせてボタンのオンとオフを切り替えることで、より効率的に作業が行えます(ステータスバーの機能一覧→次ページ)。

❾ パレット
図形や文字などの、細かい設定や操作を行うためのツールがまとめられています(【プロパティ】パレット→P.92)。

❿ カーソル
マウスカーソルです。操作の内容によって形状が変化します。

⓫ ナビゲーションバー
ズームなどの画面操作を行います。

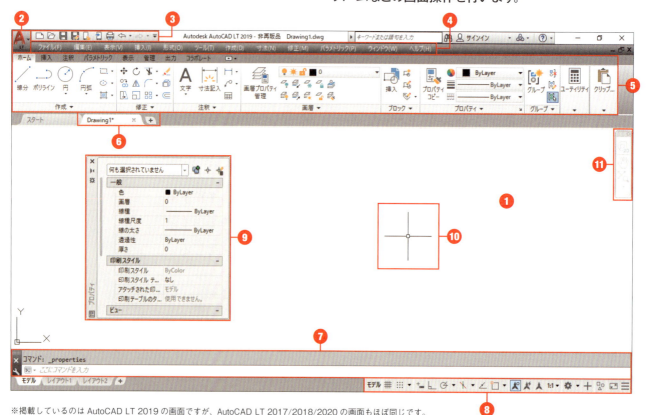

※掲載しているのは AutoCAD LT 2019 の画面ですが、AutoCAD LT 2017/2018/2020 の画面もほぼ同じです。

メニューバーの
コマンド

メニューバー（前ページ）の各メニューには、表のようなコマンドが含まれます。

メニュー名	含まれるコマンドの概要
【ファイル】	ファイルの保存や印刷、AutoCAD LT の終了など、アプリケーションの操作関連コマンドがあります。
【編集】	作業の取り消しや図形のコピー／切り取り／貼り付けといった、編集関連コマンドがあります。
【表示】	図面の拡大／縮小や移動をはじめ、表示方法の変更といった、表示関連のコマンドがあります。
【挿入】	「ブロック」図形や画像などを挿入するといったコマンドがあります。
【形式】	画層や線種、文字、寸法などの設定を行うコマンドがあります。
【ツール】	パレットの表示／非表示切り替えをはじめ、作図環境の設定コマンドがあります。
【作成】	線分や長方形、円弧などを作成するコマンドがあります。
【寸法】	さまざまな形式の寸法線の作成をはじめ、寸法関連の設定を行うコマンドがあります。
【修正】	複写やオフセット、移動、回転、トリム、延長など、図形の編集や加工、修正関連コマンドがあります。
【パラメトリック】	複数の図形に関連性を持たせたり、数値入力で図形の寸法を変更したりできる「パラメトリック機能」に関するコマンドがあります。
【ウィンドウ】	パレットの表示位置固定や複数ファイルを開いた際の作図領域配置の調整などのコマンドがあります。
【ヘルプ】	AutoCAD LT のヘルプ関連のコマンドがあります。

ステータスバーの
ボタンと機能

ステータスバー（前ページ）はバージョンによってデザインに多少違いがあります。主なボタンの名称と機能は表のとおりです。

2020 / 2019	2018 / 2017	ボタン名	機能概要
		グリッド	設定した一定の間隔で方眼用紙のようなパターン（グリッド）を表示します。
		スナップモード	カーソルの移動を設定した一定間隔に制限します。
		ダイナミック入力	カーソル付近に「プロンプト」が表示される、ダイナミック入力のオン／オフを切り替えます（プロンプト→ P.21）。
		直交モード	カーソルの動きを X 軸および Y 軸方向のみに制限します。
		極トラッキング	指定した角度ごとに位置合わせパス（補助線）を表示させます。
		オブジェクトスナップ	線分の端点や中点など図形上の点にカーソルを吸着します（オブジェクトスナップの設定→ P.44）。

1.2 AutoCAD LTの起動と設定

この節のポイント　AutoCAD LT の起動／終了・AutoCAD LTの環境設定

AutoCAD LT を起動／終了する

AutoCAD LTを起動したり終了したりする方法を説明します。

AutoCAD LTを起動するには、コンピュータのデスクトップに作成されたアイコンをダブルクリックします。

メモ

デスクトップにアイコンがないときは、Windows 10の場合は【スタート】ボタンからスタートメニューを表示して、Windows 8/8.1の場合は【スタート】画面から【アプリ】画面に移動して、「AutoCAD LT」を選択して起動することもできます。

AutoCAD LTを終了するには、ウィンドウ右上の【閉じる】ボタンをクリックします。

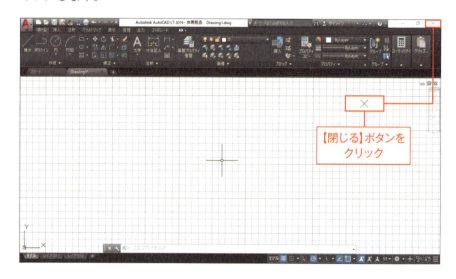

本書用に作業環境を変更する

AutoCAD LTをインストール後、作業環境を最初に起動した初期状態から、本書で練習する場合に最適な設定に変更します。

① AutoCAD LTを起動し、作図領域を右クリックして、表示されるメニューの【オプション】をクリックします。

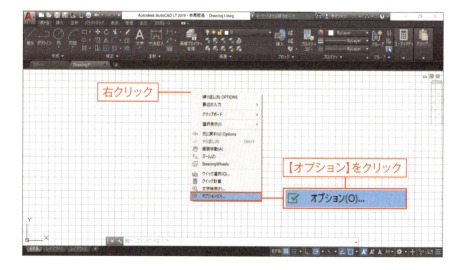

▶▶困ったときは

作図領域の色が違う
→P.208

2 【オプション】ダイアログボックスが表示されます。【表示】タブをクリックし、【配色パターン】を【ライト(明るい)】に変更します。【OK】ボタンをクリックして、ダイアログボックスを閉じると、リボンやステータスバーの色が明るくなります。

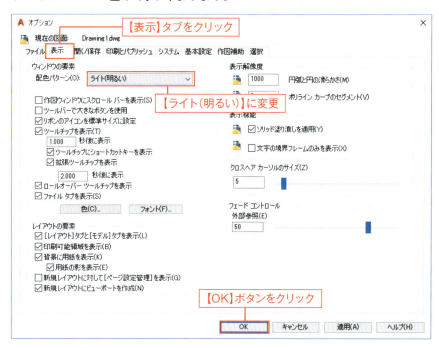

3 画面右下の【カスタマイズ】ボタンをクリックし、表示されるメニューの【ダイナミック入力】をクリックしてチェックを入れます。ステータスバーに【ダイナミック入力】のボタンが表示されます。

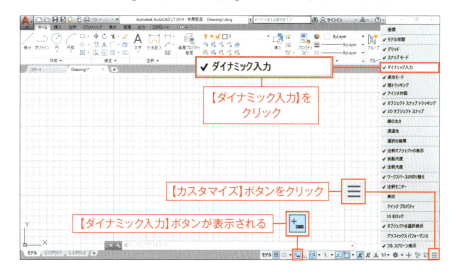

④ コマンドウィンドウの左にある■部分でマウスの左ボタンを押し、押したままマウスを下へ移動し、ドッキング状態が仮表示されたらマウスの左ボタンを放します（ドラッグ＆ドロップ）。コマンドウィンドウが画面下にドッキングします。

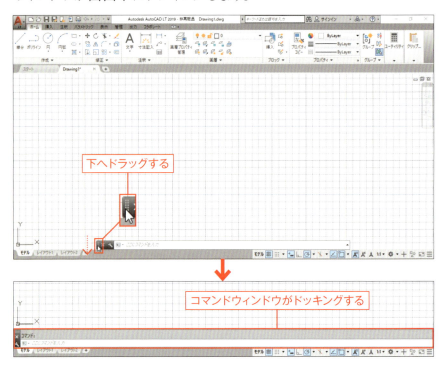

⑤ 画面左上の▼【展開】ボタンをクリックし、表示されるメニューの【メニューバーを表示】をクリックします。画面上にメニューバーが表示されます。
これで、本書で練習する場合に最適な設定への変更は完了です。

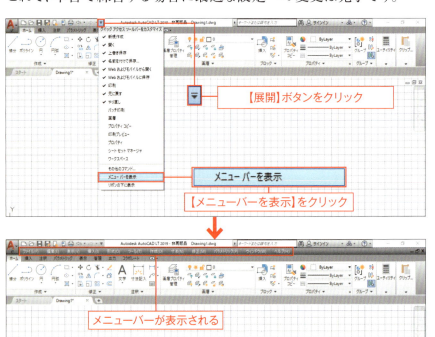

1.3 ファイルを新規作成する

この節のポイント 【クイック新規作成】コマンドの使い方・ステータスバーの使い方

既存の標準テンプレートを開く

【クイック新規作成】コマンドを使って、AutoCAD LTの既存テンプレートから新規ファイルを作成します。

テンプレート→ P.187

メモ

ボタンにカーソルを合わせてしばらく待つと、「ツールチップ」（コマンドの説明）が表示されます。

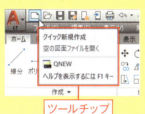

ツールチップ

テンプレート

テンプレートは、あらかじめ作図に必要な設定が含まれているひな形ファイルで、拡張子は「.dwt」です。AutoCAD LTには複数のテンプレートが用意されており、手順❷で選択している「acadltiso.dwt」は、単位がメートル系に設定されたものです。拡張子が非表示の場合は、P.217「拡張子が表示されない」を参照してください。

▶▶困ったときは

ファイル選択のダイアログボックスが表示されない
→ P.208

---

❶ AutoCAD LTを起動し、【クイック新規作成】ボタンをクリックします。

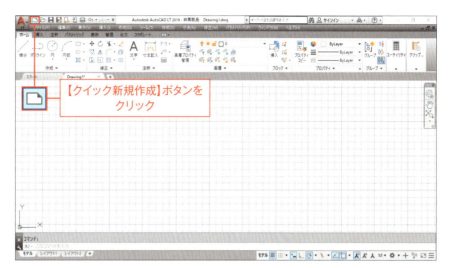

【クイック新規作成】ボタンをクリック

❷ 【テンプレートを選択】ダイアログボックスが表示されます。ダイアログボックスで「acadltiso.dwt」（AutoCADの場合は「acadiso.dwt」）テンプレートファイルをクリックして選択します。
【開く】ボタンをクリックします。テンプレートを基にした新規ファイルが開きます。

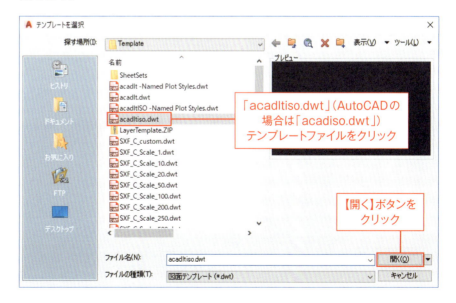

「acadltiso.dwt」（AutoCADの場合は「acadiso.dwt」）テンプレートファイルをクリック

【開く】ボタンをクリック

ステータスバーを使用する

ステータスバーは、作図をより効率的に行えるいろいろな機能を設定できます。

ステータスバー→ P.15

> **メモ**
>
> ステータスバーの各ボタンは、クリックでオンとオフを切り替えます。オンの状態ではボタンが水色になります。【ダイナミック入力】の初期値はオンです。また、「acadltiso.dwt」を使用してファイルを新規作成した場合、【グリッド】の初期値はオンになります。

① ステータスバーの【ダイナミック入力】ボタンをクリックして「オン」に、【グリッド】ボタンをクリックして「オフ」にします。これで、グリッドが非表示になり、「ダイナミック入力」が有効になります。ステータスバーのボタンの種類と機能については、P.15の表を参照してください。

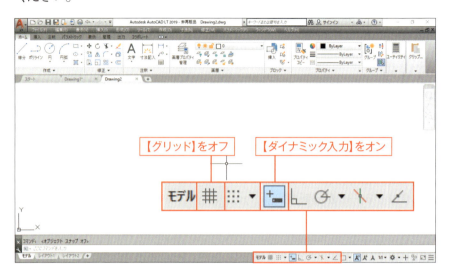

1.4 クリックで線分をかく

この節のポイント 【線分】コマンドの使い方・操作のキャンセル

クリックで線分をかく

【線分】コマンドを使用して、クリック（マウスの左ボタンを押す）で線分をかきます。

> **メモ**
> AutoCAD LTでは操作を指示する命令を「コマンド」といいます。【線分】ボタンをクリックすることは、【線分】コマンドを実行することと同じです。

> **メモ**
> コマンドを実行すると、次の操作を促す「プロンプト」が、カーソル横と【コマンドウィンドウ】に表示されます。このプロンプトにしたがって操作するとよいでしょう。

▶▶ 困ったときは

作図領域にプロンプトが表示されない → P.210

【コマンドウィンドウ】 → P.14

> **メモ**
> プロンプトで指示されている操作（ここでは、「次の点を指定 または……」）を行わない場合は、Enter キーを押して操作を確定します。

1 【線分】ボタンをクリックします。

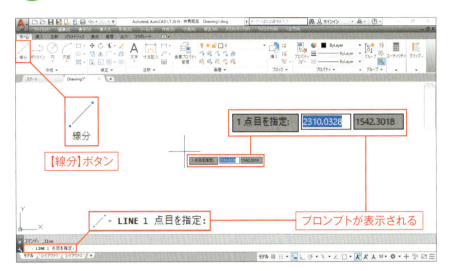

2 図を参考に、線分の始点として作図領域の任意の位置をクリックします。
同様に、2番目、3番目、4番目の点を順にクリックします。

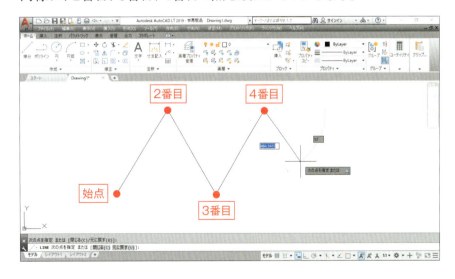

③ キーボードの Enter キーを押すと、操作が確定され、プロンプトが消えて、コマンドが終了します。

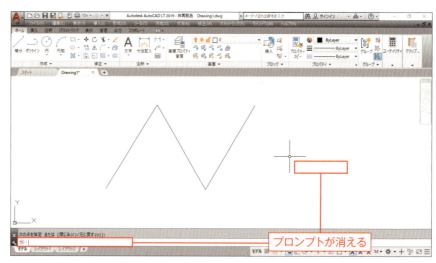

選択した
コマンドを
キャンセルする

選択したコマンドをキャンセルする場合は、キーボードの Esc キーを押します。

メモ

Esc キーを押すと、選択したコマンドがキャンセルされるほか、P.24で解説しているように、図形の選択状態を解除できます。
図形の作成や編集を元に戻す場合は、【元に戻す】コマンドを使用します。

【元に戻す】コマンド→ P.28

① 【線分】ボタンをクリックします。

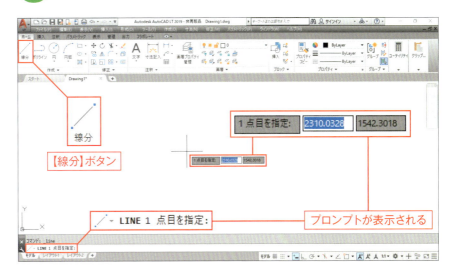

② キーボードの Esc キーを押します。【線分】コマンドがキャンセルされ、プロンプトも非表示になります。

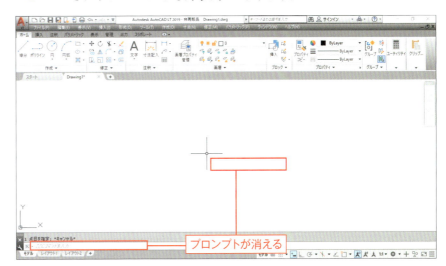

1.5 図形を選択／削除する

この節のポイント クリックによる図形の選択・窓選択・交差選択／図形の削除

クリックして図形を選択する

AutoCAD LTでは図形を選択してから削除や移動が行えます。ここでは、1.4 でかいた直線を、クリックして選択します。

メモ
クリックで複数の図形を選択する場合は、1つ目の図形を選択後、そのまま別の図形をクリックします。また、すでに選択されている図形を選択解除するには、Shiftキーを押しながら図形をクリックします。

① 線分にカーソルを近づけ、図のように、線分がハイライト表示（太線表示）されることを確認します。

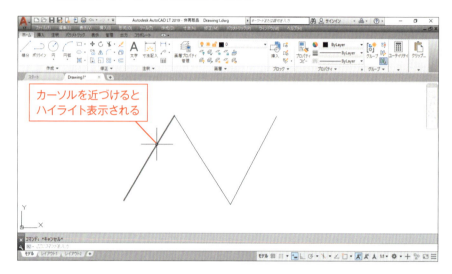

② 線分をクリックして選択します。選択された線分が青く表示され、グリップ（青い正方形）が表示されます。

③ キーボードの Esc キーを押し、図形の選択を解除します。

窓選択で図形を選択する

「窓選択」は、作図領域の2点をクリックして選択範囲とし、範囲に完全に含まれる図形を選択する方法です。

> **注意**
> 窓選択で選択範囲を設定する場合、必ず、図形の左側→右側の順序でクリックします。

1 図を参考に①線分の左上の任意の位置をクリックします。②表示される青色の選択範囲枠が、選択したい線分をすべて含むように囲む位置までカーソルを右下に移動し、③任意の位置でクリックします。

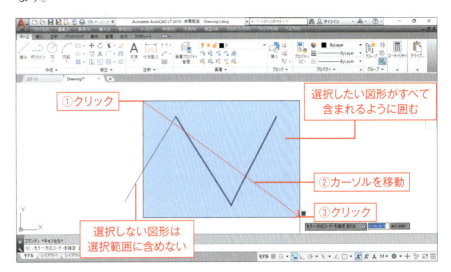

2 選択範囲枠に完全に含まれた線分だけが選択されて青く表示され、グリップ(青い正方形)が表示されます。

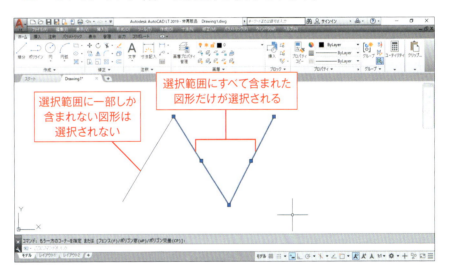

3 キーボードの Esc キーを押し、図形の選択を解除します。

第1章 基本操作をおぼえよう

交差選択で図形を選択する

「交差選択」は、窓選択と同様に、作図領域の2点をクリックして選択範囲として、図形を選択する方法です。ただし、交差選択では、図形が選択範囲に一部でも含まれていれば選択できます。

> **注意**
> 交差選択で選択範囲を設定する場合、必ず図形の右側→左側の順序でクリックします。

1 図を参考に、①線分の右上の任意の位置をクリックします。②表示される緑色の選択範囲枠が線分の一部分を囲む位置までカーソルを左下に移動し、③任意の位置でクリックします。

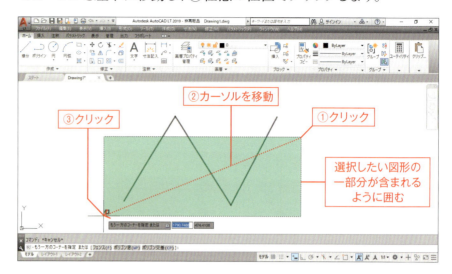

2 選択範囲に一部分でも含まれた線分が選択されて青く表示され、グリップ（青い正方形）が表示されます。

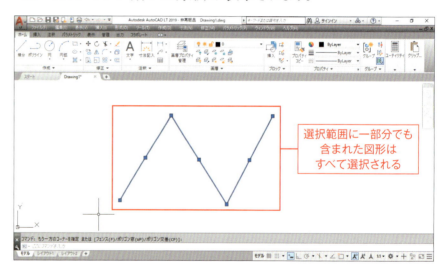

26

図形を削除する

選択状態の図形を削除する場合は、キーボードの Delete キーを押します。

① 前ページの手順❷の状態で、キーボードの Delete キーを押すと、選択した線分が削除されます。

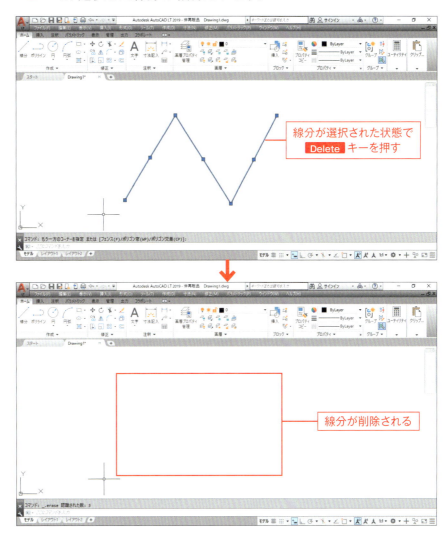

線分が選択された状態で Delete キーを押す

線分が削除される

操作を元に戻す

図形の作成や編集、削除などの操作を元に戻す場合には、【元に戻す】コマンドを使用します。

1 前ページ手順❶の状態で⇐【元に戻す】ボタンをクリックします。

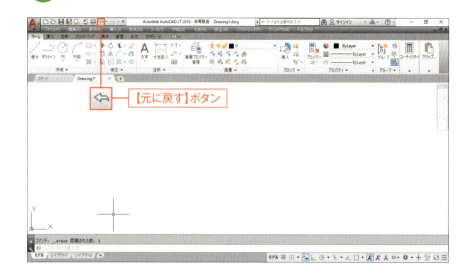

2 削除した線分が削除前の状態に戻ります。

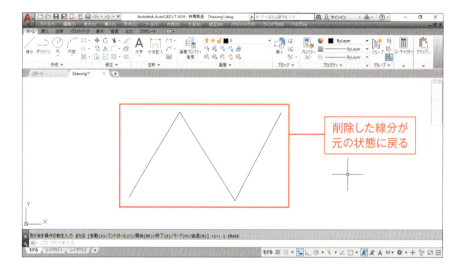

削除した線分が元の状態に戻る

1.6 ファイルを開く

この節のポイント　【開く】コマンドの使い方

既存のファイルを開く

P.10でコンピュータのデスクトップにコピーしておいた練習用ファイル「AutoCAD Study 01.dwg」を開きます。

ここからはじめる

「AutoCAD Study」フォルダ
→ AutoCAD Study 01.dwg

> **注意**
> あらかじめ、P.10の「教材データのダウンロードについて」の解説にしたがって、教材データの「AutoCAD Study」フォルダをコンピュータの「デスクトップ」に移動してください。

> **メモ**
> AutoCAD、AutoCAD LTファイルの拡張子は、「dwg」です。

▶▶困ったときは

ファイル選択のダイアログボックスが表示されない
→ P.208

▶▶困ったときは

拡張子が表示されない
→ P.217

1 【開く】ボタンをクリックします。

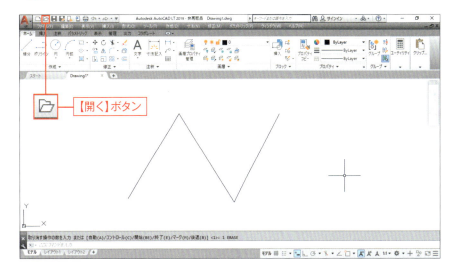

2 表示される【ファイルを選択】ダイアログボックスの【デスクトップ】ボタンをクリックします。
「AutoCAD Study」フォルダをダブルクリックします。

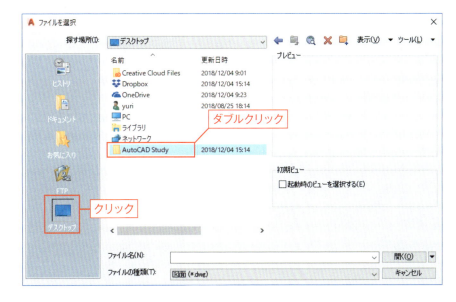

❸ 「AutoCAD Study 01.dwg」ファイルをクリックして選択し、【開く】ボタンをクリックします。

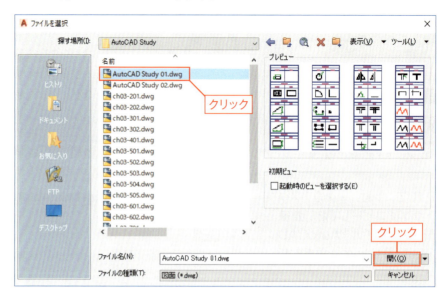

❹ 「AutoCAD Study 01.dwg」ファイルが開きます。

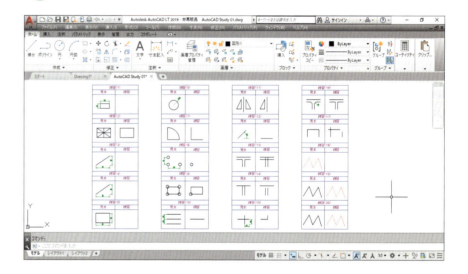

1.7 作図領域を拡大／縮小／移動する

この節のポイント ホイールボタン操作・【窓ズーム】【オブジェクト範囲ズーム】コマンドの使い方

ホイールボタンで作図領域を拡大する

1.6 で開いた「AutoCAD Study 01.dwg」ファイルを使用して、作図領域を拡大表示します。ここでは、マウスの「ホイールボタン」を使用します。

メモ

ホイールボタンとは、マウスの左右ボタンの間にあるボタンです。前後に回転させて操作できるほか、左右ボタンと同様に押して操作できます。

ホイールボタン

1 1.6 の手順 ❹ の「AutoCAD Study 01.dwg」ファイルが開いた状態で、図のように拡大の中心とする位置にカーソルを合わせます。

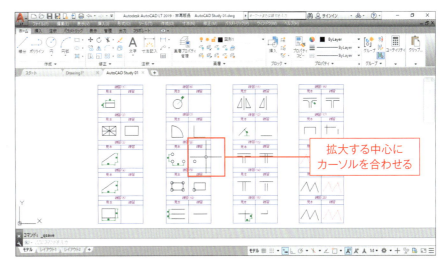
拡大する中心にカーソルを合わせる

2 そのままマウスのホイールボタンを前に回転させると、カーソルを中心に作図領域が拡大されます。

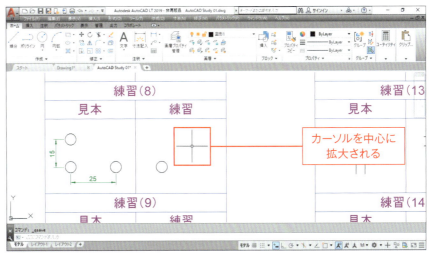
カーソルを中心に拡大される

ホイールボタンで作図領域を縮小する

拡大と同様に、マウスのホイールボタンを使用して作図領域を縮小します。

① 前ページの手順❷の状態で、図のように縮小の中心とする位置にカーソルを合わせます。

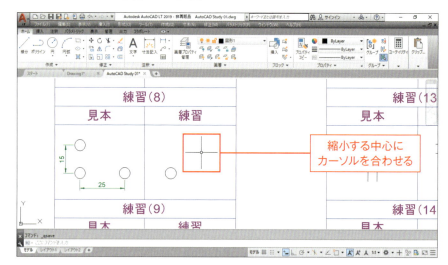

縮小する中心にカーソルを合わせる

② そのままマウスのホイールボタンを後ろに回転させると、カーソルを中心に作図領域が縮小されます。

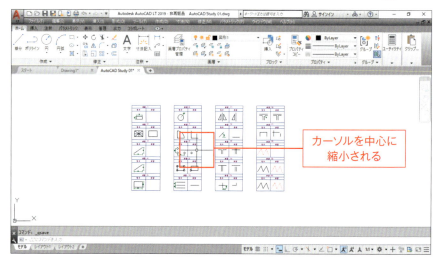

カーソルを中心に縮小される

第1章 基本操作をおぼえよう

ホイールボタンで作図領域を移動する

マウスのホイールボタンを押しながら動かす(ドラッグする)と、作図領域を移動できます。

▶▶困ったときは

ホイールボタンがうまく機能しない→ P.211

1 前ページの手順❷の状態で、作図領域の任意の位置で、マウスのホイールボタンを押したままマウスを移動させたい方向(ここでは左)に移動します。

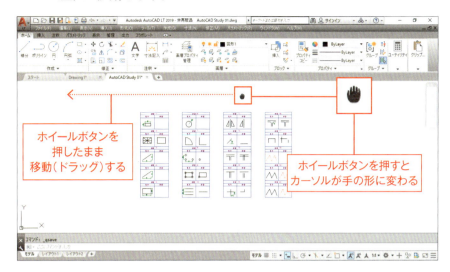

ホイールボタンを押したまま移動(ドラッグ)する

ホイールボタンを押すとカーソルが手の形に変わる

2 作図領域がマウスを移動した方向(ここでは左)に移動します。

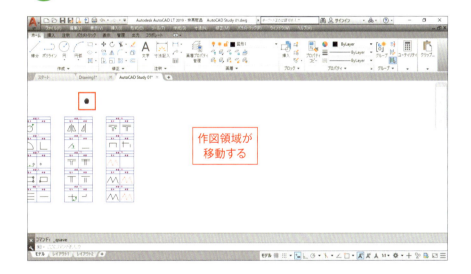

作図領域が移動する

第1章 基本操作をおぼえよう

【窓ズーム】コマンドで拡大する

作図領域の拡大は、【窓ズーム】コマンドでも行えます。拡大領域を正確に指定して拡大する場合には、【窓ズーム】コマンドを使うとよいでしょう。

▶▶困ったときは

ナビゲーションバーが表示されない→P.213

メモ

窓ズームの1点目は、拡大したい領域の頂点ならどこでも問題ありません。

① 前ページの手順❷の状態で、ナビゲーションバーのズームボタン下にある▼ボタンをクリックし、表示されるメニューから【窓ズーム】をクリックします。

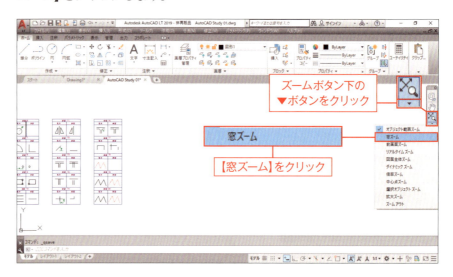

② ①拡大したい領域の頂点をクリックし、②対角点をクリックします。指定した範囲が拡大されます。

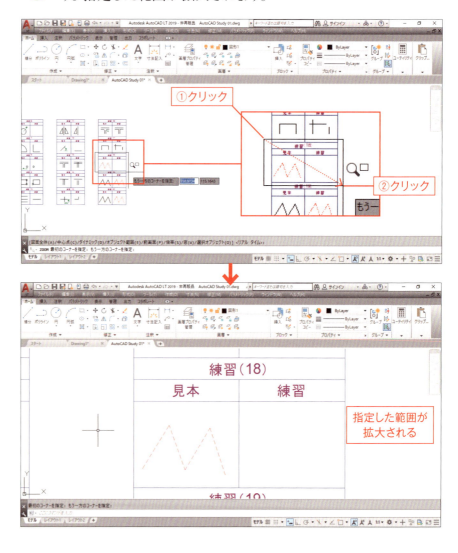

【オブジェクト範囲ズーム】ですべての図形を表示する

【オブジェクト範囲ズーム】は、作図領域内にあるすべての図形を表示する機能です。図面全体を確認するといった場合に便利です。

▶▶ 困ったときは

ホイールボタンがうまく機能しない→ P.211

メモ

【オブジェクト範囲ズーム】は、ナビゲーションバーから行うこともできます。

▶▶ 困ったときは

ナビゲーションバーが表示されない→ P.213

---

1 前ページの手順❷の状態で、作図領域の任意の位置で、マウスのホイールボタンをダブルクリックします。

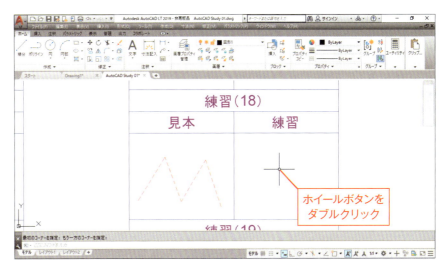

2 作図領域内にあるすべての図形が表示されます。

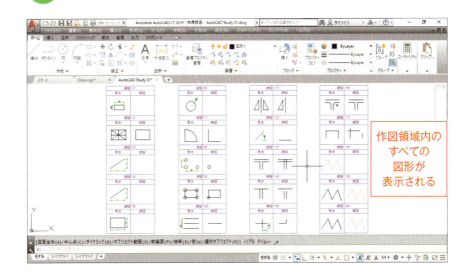

1.8 ファイルを保存する／閉じる

この節のポイント 【上書き保存】コマンドの使い方

ファイルを上書き保存して閉じる

図形を作成したり、編集した後は、ファイルを上書き保存して、作成／編集内容を保存します。

名前を付けて保存する→P.205

> **メモ**
> ファイルを新規作成した場合、【上書き保存】ボタンをクリックすると、【図面に名前を付けて保存】ダイアログボックスが表示されます。また、【ファイル】メニューの【名前を付けて保存】を選択すると、図面に名前を付けて新規保存できます（P.205参照）。

① 【上書き保存】ボタンをクリックするとファイルが保存されます。ファイルタブの【閉じる】ボタンをクリックすると、ファイルが閉じます。

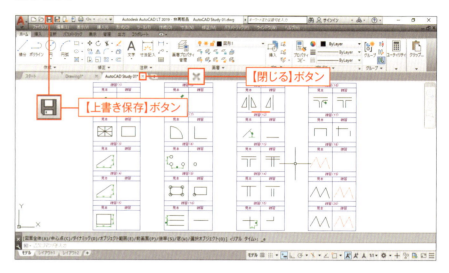

第2章

線や基本形状を作図しよう

この章では、第1章で解説した基本操作を踏まえた上で、
さまざまな線分や長方形、円、円弧の作成方法をはじめ、
図形の複写（コピー）や編集、画層操作方法について学びます。
教材データに収録されている練習用サンプルファイル
「AutoCAD Study 01.dwg」を使用しますので、
P.10を参考に準備しておきましょう。

この章で学ぶこと

● 線分をかく
● 斜めの線分をかく
● 長方形をかく
● 円をかく
● 円弧をかく
● 図形を複写する
● 図形を編集する
● 角を丸くする
● 角を作成する
● 画層を操作して図形を作成する

第2章 線や基本形状を作図しよう

2.1 練習用ファイルの準備と使い方

この節のポイント　既存ファイルの開き方

練習用ファイル「AutoCAD Study 01.dwg」について

この章では、練習用ファイル「AutoCAD Study 01.dwg」を使用して、基本的な図形の作成を行います。

📄 **ここからはじめる**

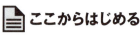

「AutoCAD Study」フォルダ→
AutoCAD Study 01.dwg

❶ この章で使用する練習用ファイル「AutoCAD Study 01.dwg」には、図のように、練習(1)〜(20)までの作図練習用見本図と作図練習欄が用意されています。

以降では、この章の解説と見本図とを参考に、作図練習欄に作図してください。

作図を行う前に、P.29の 1.6 を参考に、「AutoCAD Study 01.dwg」ファイルを開いてください。

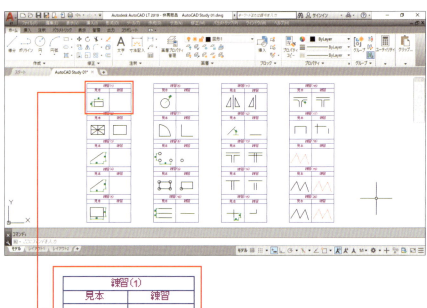

38

2.2 線分をかく

この節のポイント 【線分】コマンドの使い方・【直交モード】と【オブジェクトスナップ】の活用・数値入力

長さを指定して垂直・水平な線分をかく

練習用ファイル「AutoCAD Study 01.dwg」の練習(1)を使用します。数値入力で長さを指定し、垂直・水平に線分をかきます。

ステータスバー → P.15

拡大表示 → P.21

この項の完成参考図

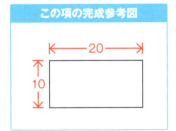

メモ

【直交モード】ボタンをオンにすると、カーソルの移動方向が水平・垂直に固定され、「ラバーバンド」と呼ばれる推測線が水平または垂直に表示されます。

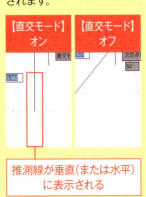

推測線が垂直(または水平)に表示される

---

1 2.1 で開いた「AutoCAD Study 01.dwg」ファイルの「練習(1)」を、図のように拡大します。

2 ステータスバーの【ダイナミック入力】ボタンと【直交モード】ボタンをクリックしてオンにします。

3 【線分】ボタンをクリックします。

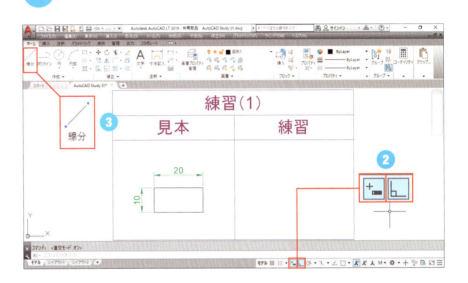

4 線分の始点として、任意の位置をクリックします。

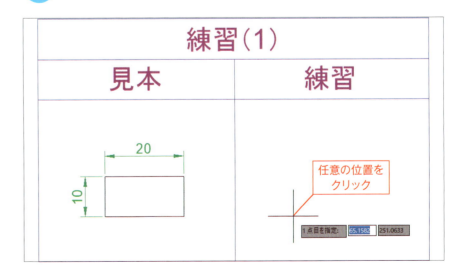

> **注意**
> キーボードから入力できる数値などは、半角英数字だけです。全角文字を入力した場合は無効となります。
> キーボードから数値などを入力する際は、入力欄などをクリックする必要はありません。

▶▶困ったときは

数値が入力できない
→ P.213

> **メモ**
> AutoCAD LT (AutoCAD) では、線分の長さにmmなどの単位が付きません。AutoCAD LT (AutoCAD) では、図形や図面などをすべて「原寸」で作成し、印刷時に、印刷する用紙の大きさに合わせて縮尺を設定するためです (P.184参照)。

5 カーソルを上に移動します。

6 キーボードから「10」と入力し、Enterキーを押します。

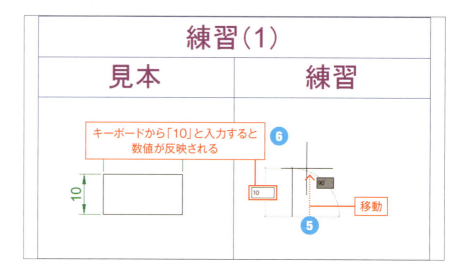

7 長さ10の垂直線が作成されます。

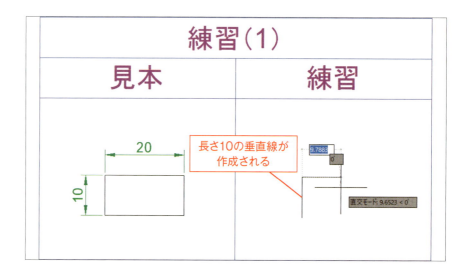

⑧ 続けて、カーソルを右に移動します。

⑨ キーボードから「20」と入力し、Enter キーを押します。

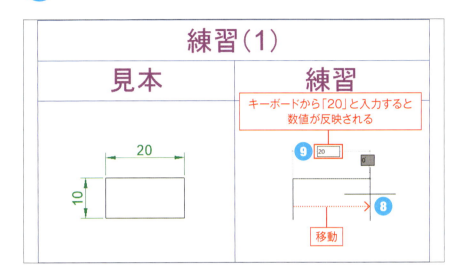

⑩ 長さ20の水平線が作成されます。

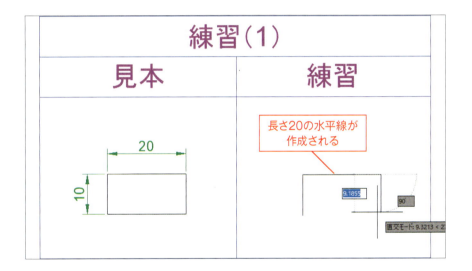

11 続けて、カーソルを下に移動します。

12 キーボードから「10」と入力し、Enter キーを押します。

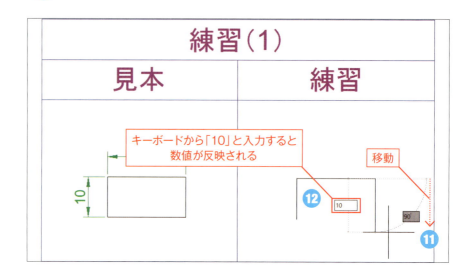

13 長さ10の垂直線が作成されます。

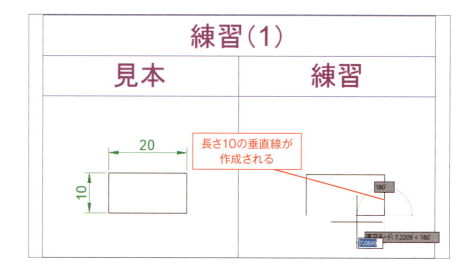

14 続けて、カーソルを左に移動します。

15 キーボードから「20」と入力し、Enter キーを押します。

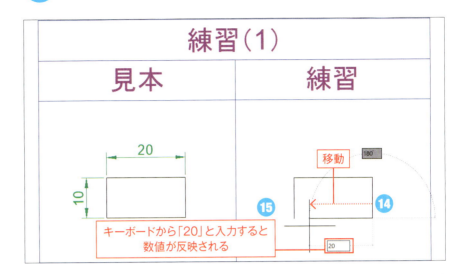

16 長さ20の水平線が作成されます。

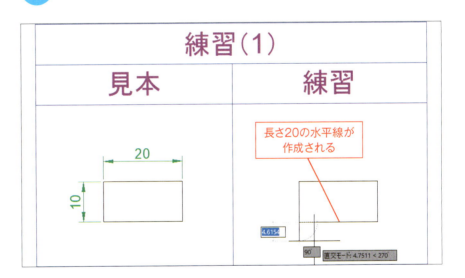

17 キーボードの Enter キーを押してコマンドを終了します。

第2章 線や基本形状を作図しよう

端点と中点を指定して線分をかく

練習用ファイル「AutoCAD Study 01.dwg」の練習(2)を使用します。端点と中点を指定して線分をかきます。

ステータスバー→ P.15

拡大表示→ P.31

この項の完成参考図

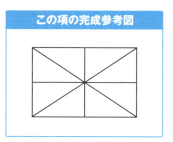

メモ

【オブジェクトスナップ】ボタンをオンにすると、図形の端点や中点などに正確にカーソルを合わせられるため、効率的に作図できます。

① 2.1 で開いた「AutoCAD Study 01.dwg」ファイルの「練習(2)」を、図のように拡大します。

② ステータスバーの【ダイナミック入力】ボタンと【オブジェクトスナップ】ボタンをクリックしてオンにします。

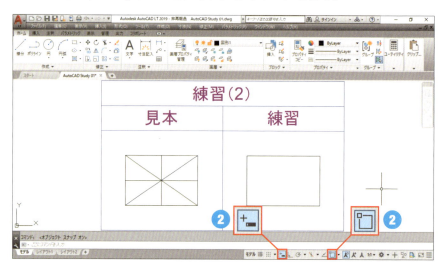

③ 【オブジェクトスナップ】ボタンを右クリックします。

④ 表示されるコンテキストメニューの【オブジェクトスナップ設定】をクリックします。

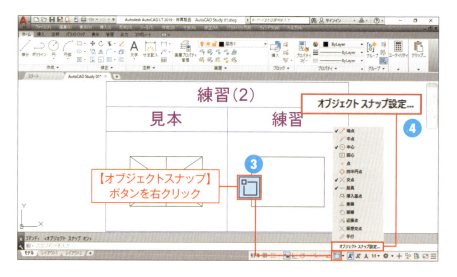

メモ

【作図補助設定】ダイアログボックスの【オブジェクトスナップモード】には、【端点】や【中点】のほか、【中心】や【交点】など、さまざまな種類があります。必要に応じて設定してください。

メモ

端点や中点などにカーソルを近づけると、図のように「マーカー」が表示されます。スナップする点の種類により、「マーカー」の形が異なります。

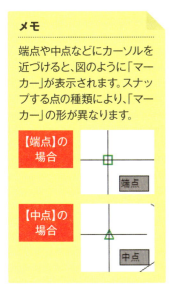

⑤ 表示される【作図補助設定】ダイアログボックスの【すべてクリア】ボタンをクリックします。

⑥ 【オブジェクトスナップモード】の【端点】と【中点】のチェックボックスをクリックし、チェックを入れます。

⑦ 【OK】ボタンをクリックします。

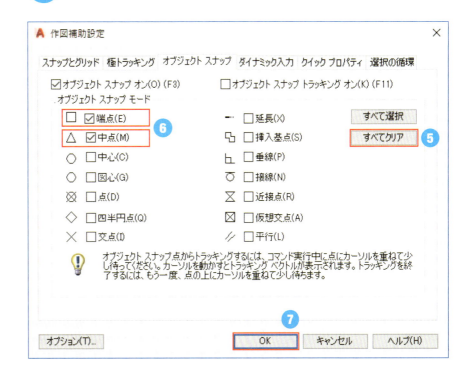

⑧ 【線分】ボタンをクリックします。

⑨ 長方形の左上の頂点にカーソルを合わせ、【端点】のマーカーが表示される点をクリックします。

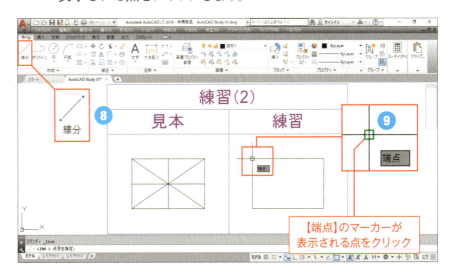

10 カーソルを右下に移動し、長方形の右下の頂点にカーソルを合わせ、【端点】のマーカーが表示される点をクリックします。長方形の対角線が作成されます。

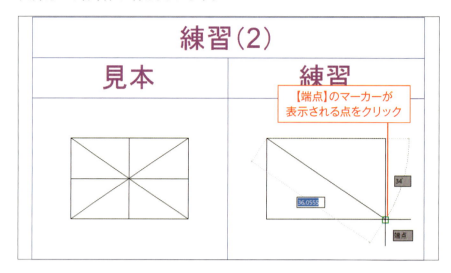

11 キーボードの Enter キーを押してコマンドを終了します。

12 手順❽～⓫と同様にして図のように対角線をもう1本かきます。

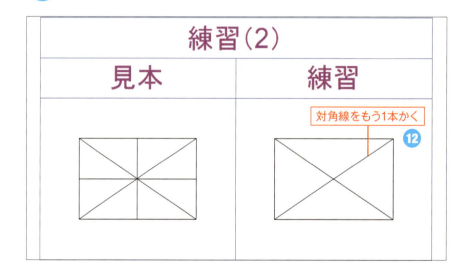

13 ／【線分】ボタンをクリックします。

14 長方形の左辺中央にカーソルを合わせ、【中点】のマーカーが表示される点をクリックします。

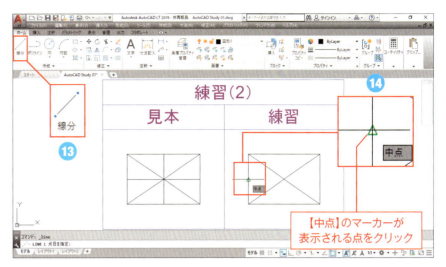

15 長方形の右辺中央にカーソルを合わせ、【中点】のマーカーが表示される点をクリックします。

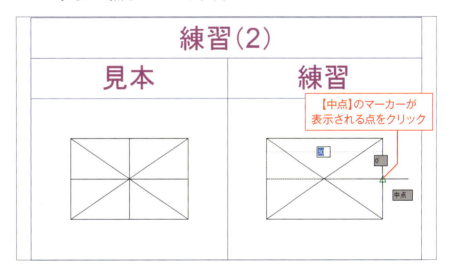

16 キーボードの Enter キーを押してコマンドを終了します。

17 手順 ⑬〜⑯ と同様にして、図のように長方形の中心を通る垂直な線をかきます。

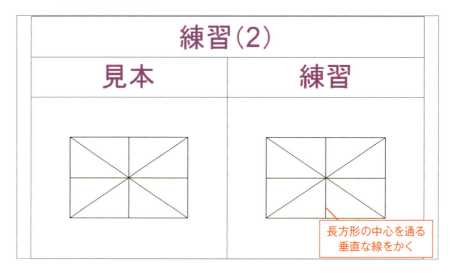

斜めの線分をかく ①補助線を使う

練習用ファイル「AutoCAD Study 01.dwg」の練習(3)を使用します。まず補助線を作成してから、それを基に斜めの線分をかきます。

ステータスバー → P.15

拡大表示 → P.31

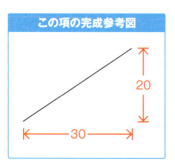
この項の完成参考図

1 2.1 で開いた「AutoCAD Study 01.dwg」ファイルの「練習(3)」を、図のように拡大します。

2 ステータスバーの【ダイナミック入力】ボタンと【直交モード】ボタン、【オブジェクトスナップ】ボタンをクリックしてオンにします。

3 【線分】ボタンをクリックします。

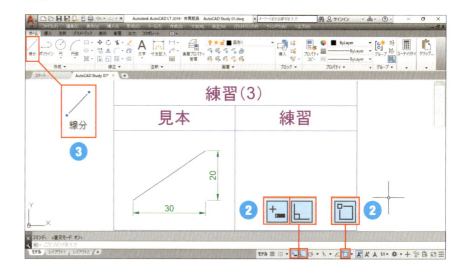

4 線分の始点として、任意の位置をクリックします。

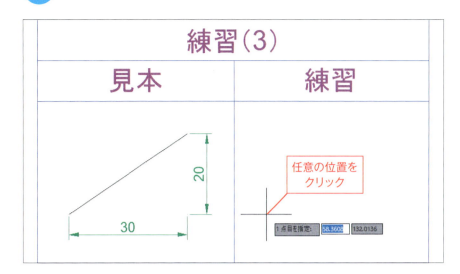

5 カーソルを右に移動します。

6 キーボードから「30」と入力し、Enter キーを押します。
長さ30の水平線が作成されます。

▶▶困ったときは

数値が入力できない
→ P.213

7 続けて、カーソルを上に移動します。

8 キーボードから「20」と入力し、Enterキーを押します。
長さ20の垂直線が作成されます。

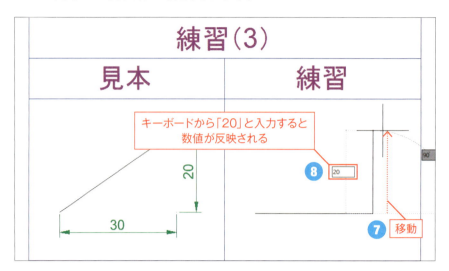

9 続けて、手順❻でかいた水平線の左端にカーソルを合わせ、【端点】マーカーが表示される点をクリックします。

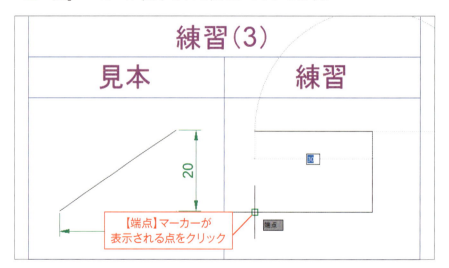

10 斜めの線分が作成されます。
キーボードの Enter キーを押してコマンドを終了します。

11 手順❹〜❽でかいた2本の線分（補助線）をクリックして選択します。

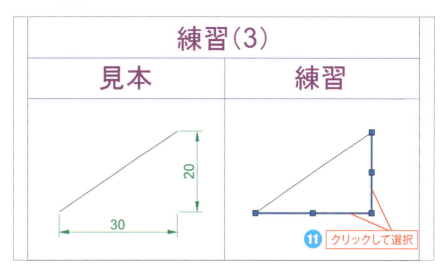

12 キーボードの Delete キーを押します。2本の線分（補助線）が削除され、斜めの線分だけが残ります。

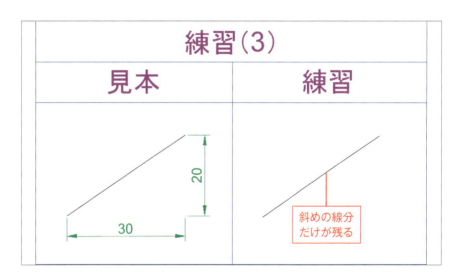

斜めの線分をかく ②相対座標を使う

練習用ファイル「AutoCAD Study 01.dwg」の練習(4)を使用します。相対座標を入力して斜めの線分をかきます。

ステータスバー→ P.15

拡大表示→ P.31

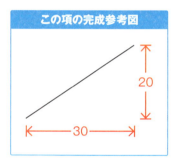
この項の完成参考図

1　2.1 で開いた「AutoCAD Study 01.dwg」ファイルの「練習(4)」を、図のように拡大します。

2　ステータスバーの【ダイナミック入力】ボタンをクリックしてオンにします。

3　【線分】ボタンをクリックします。

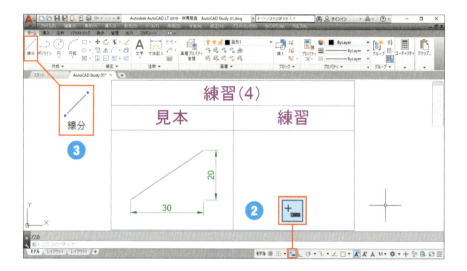

4　線分の始点として、任意の位置をクリックします。

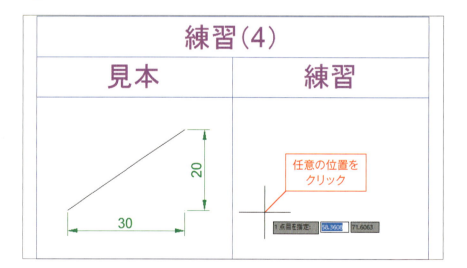

メモ

X（横）方向の距離とY（縦）方向の距離で点を指示する方法を「相対座標入力」と呼びます。

相対座標を指定する場合は、キーボードから「@X,Y」（X、Yは距離）と入力します。入力の際は、X、Y、「@」（アットマーク）、「,」（カンマ）はすべて「半角」で入力します。「,」（カンマ）はキーボードの ね のキーを押して入力してください。

▶▶ **困ったときは**

数値が入力できない
→ P.213

⑤ キーボードから「@30,20」と入力し、Enter キーを押します。

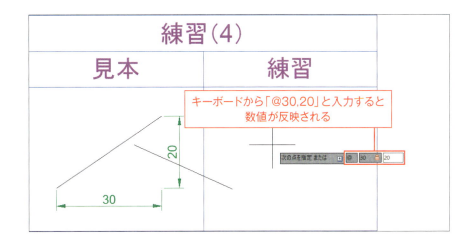

⑥ 手順④でクリックした始点と、相対座標X=30、Y=20の点を結ぶ斜めの線分が作成されます。
キーボードの Enter キーを押してコマンドを終了します。

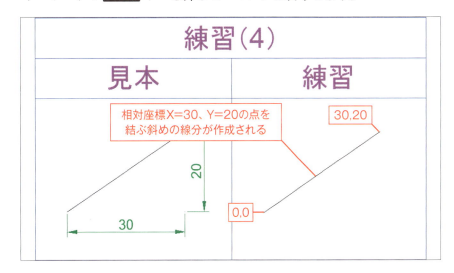

2.3 長方形／円／円弧をかく

この節のポイント 【長方形】および【円】【円弧】コマンドの使い方

長方形をかく

練習用ファイル「AutoCAD Study 01.dwg」の練習(5)を使用します。P.39では、【線分】コマンドで長方形を作成しましたが、ここでは【長方形】コマンドを使用します。

ステータスバー→ P.15

拡大表示→ P.31

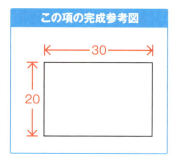

1. 2.1 で開いた「AutoCAD Study 01.dwg」ファイルの「練習(5)」を、図のように拡大します。

2. ステータスバーの【ダイナミック入力】ボタンをクリックしてオンにします。

3. 【長方形】ボタンをクリックします。

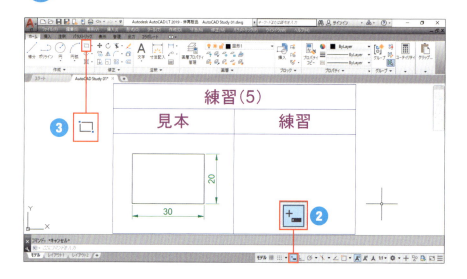

4. 長方形の左下の頂点として、任意の位置をクリックします。

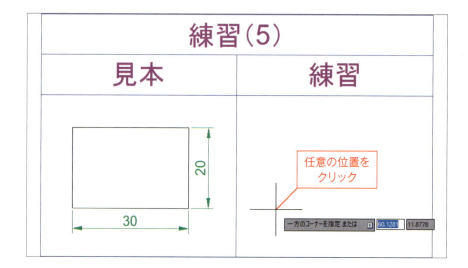

▶▶困ったときは

数値が入力できない
→ P.213

5 キーボードから「@30,20」と入力し、Enter キーを押します。

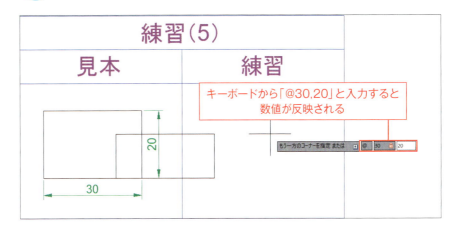

6 手順❹でクリックした長方形の左下の頂点を基点として、縦20×横30の長方形が作成されます。

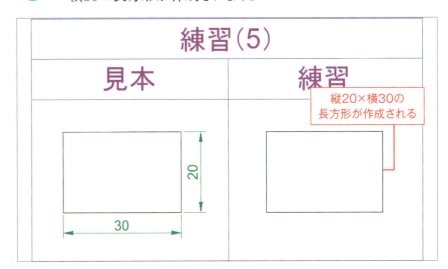

第2章 線や基本形状を作図しよう

中心と半径を指定して円をかく

練習用ファイル「AutoCAD Study 01.dwg」の練習(6)を使用します。円の中心をクリックで指定し、半径を数値入力して円をかきます。

ステータスバー→ P.15

拡大表示→ P.31

この項の完成参考図

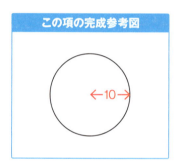

1. 2.1 で開いた「AutoCAD Study 01.dwg」ファイルの「練習(6)」を、図のように拡大します。

2. ステータスバーの【ダイナミック入力】ボタンをクリックしてオンにします。

3. 【円】ボタン下の▼ボタンをクリックし、表示されるメニューから【中心、半径】ボタンをクリックします。

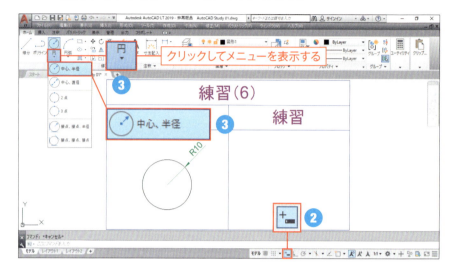

4. 円の中心として、任意の位置をクリックします。

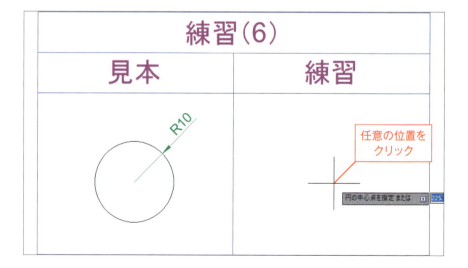

▶▶困ったときは

数値が入力できない
→ P.213

5 キーボードから「10」と入力し、Enter キーを押します。

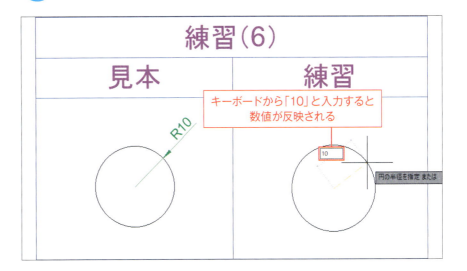

6 手順4でクリックした点を円の中心とした半径10の円が作成されます。

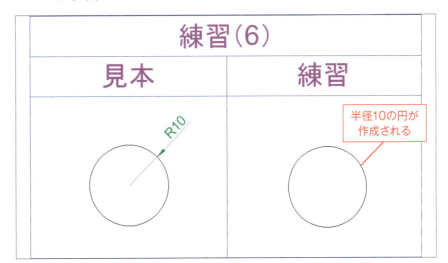

中心、始点、終点を指定して円弧をかく

練習用ファイル「AutoCAD Study 01.dwg」の練習(7)を使用します。中心と始点、終点をクリックで指定して円弧をかきます。

ステータスバー→ P.15

拡大表示→ P.31

この項の完成参考図

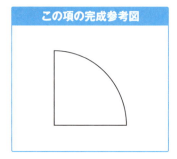

メモ
【円弧】ボタンには、「中心、始点、終点」以外の方法で円弧をかく、さまざまなコマンドが用意されています。

1. 2.1 で開いた「AutoCAD Study 01.dwg」ファイルの「練習(7)」を、図のように拡大します。

2. ステータスバーの【ダイナミック入力】ボタンと【オブジェクトスナップ】ボタンをクリックしてオンにします。

3. 【円弧】ボタン下の▼ボタンをクリックし、表示されるメニューから【中心、始点、終点】ボタンをクリックします。

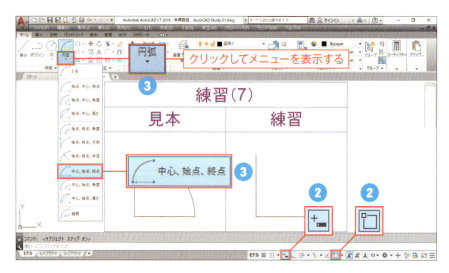

4. 円弧の中心として、水平線と垂直線の交点にカーソルを合わせ、【端点】マーカーが表示される点をクリックします。

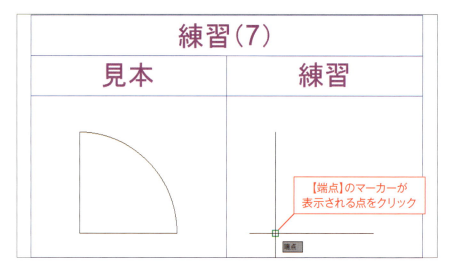

5 円弧の始点を指定します。カーソルを右に移動し、水平線の右端にカーソルを合わせ、【端点】マーカーが表示される点をクリックします。

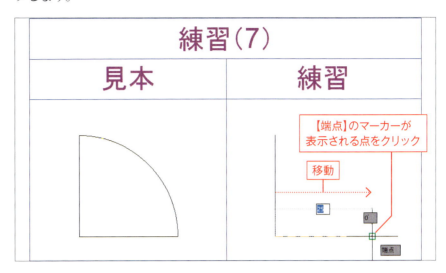

6 円弧の終点を指定します。カーソルを左上に移動し、垂直線の上端にカーソルを合わせ、【端点】マーカーが表示される点をクリックします。

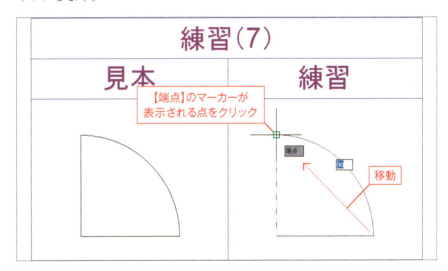

7 円弧が作成されます。

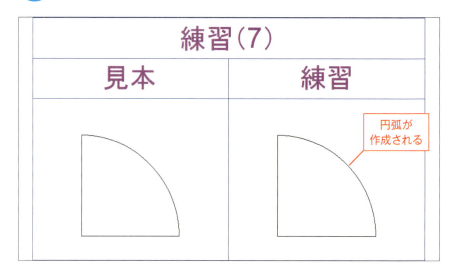

2.4 図形を複写／回転する

この節のポイント 【複写】【鏡像】【回転】コマンドの使い方

水平／垂直方向に指定した距離で複写する

練習用ファイル「AutoCAD Study 01.dwg」の練習(8)を使用します。【複写】コマンドと数値入力を使って、水平／垂直方向に複写します。

ステータスバー→ P.15

拡大表示→ P.31

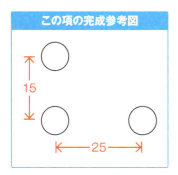

この項の完成参考図

1. 2.1 で開いた「AutoCAD Study 01.dwg」ファイルの「練習(8)」を、図のように拡大します。
2. ステータスバーの【ダイナミック入力】ボタンと【直交モード】ボタンをクリックしてオンにします。
3. 円をクリックして選択します。
4. 【複写】ボタンをクリックします。

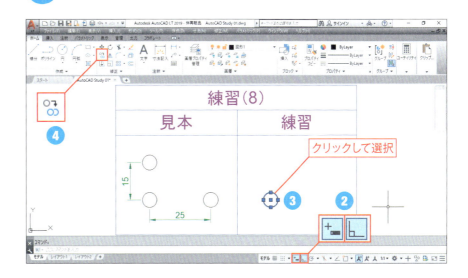

5. 複写の基点として任意の位置をクリックし、カーソルを右に移動します。

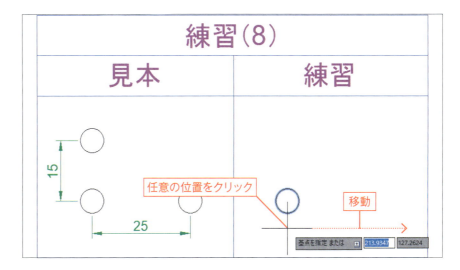

▶▶困ったときは

数値が入力できない
→ P.213

⑥ キーボードから「25」と入力し、Enter キーを押します。

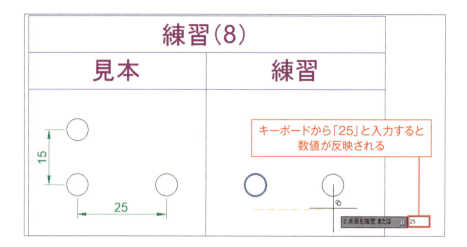

⑦ 複写元の円から水平方向に25の位置に円が複写されます。

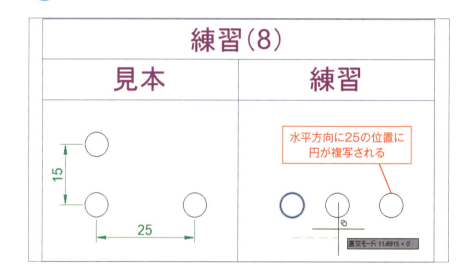

⑧ 続けて、カーソルを上に移動します。
キーボードから「15」と入力し、Enter キーを押します。

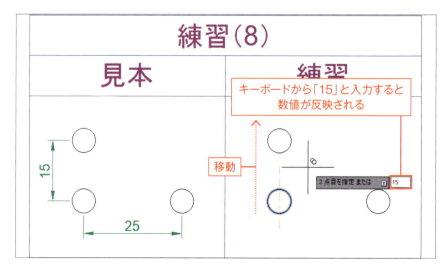

⑨ 複写元の円から垂直方向に15の位置に、円が複写されます。
キーボードの Enter キーを押してコマンドを終了します。

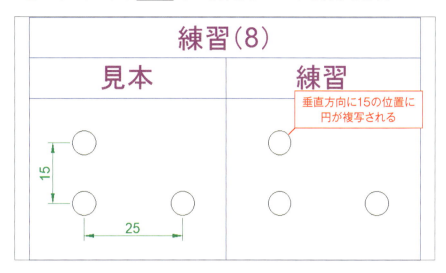

クリックで指定した位置に複写する

練習用ファイル「AutoCAD Study 01.dwg」の練習(9)を使用します。クリックで指定した位置に複写します。

ステータスバー→ P.15

拡大表示→ P.31

この項の完成参考図

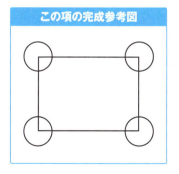

① 2.1 で開いた「AutoCAD Study 01.dwg」ファイルの「練習(9)」を、図のように拡大します。

② ステータスバーの【ダイナミック入力】ボタンと【オブジェクトスナップ】ボタンをクリックしてオンにします。

③ 円をクリックして選択します。

④ 【複写】ボタンをクリックします。

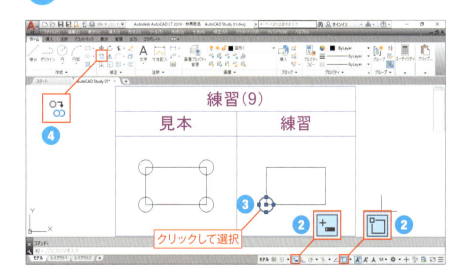

5 複写の基点を指定します。円の中心にカーソルを合わせ、【端点】マーカーが表示される点をクリックします。

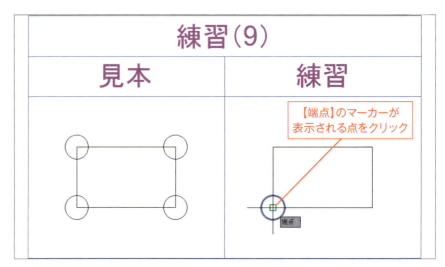

6 複写する位置を指定します。長方形左上の頂点にカーソルを合わせ、【端点】マーカーが表示される点をクリックします。

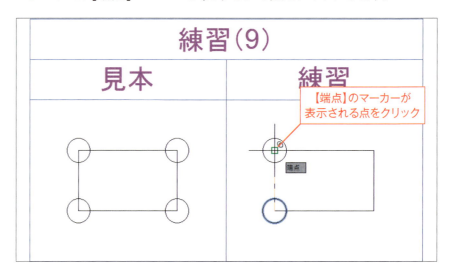

7 円が複写されます。

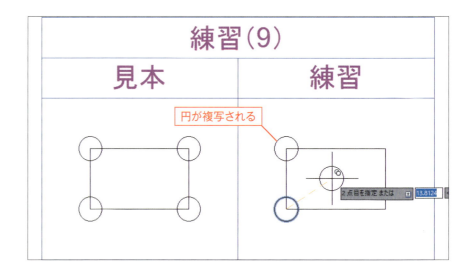

8 続けて、長方形右下の頂点にカーソルを合わせ、【端点】マーカーが表示される点をクリックします。

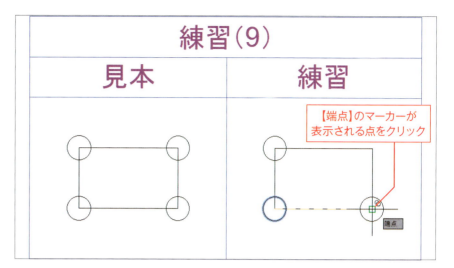

9 円が複写されます。

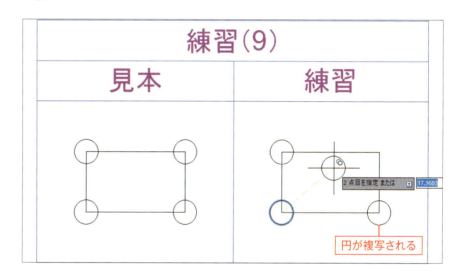

10 さらに、長方形右上の頂点にカーソルを合わせ、【端点】マーカーが表示される点をクリックします。

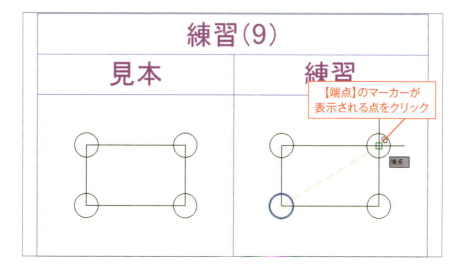

11 円が複写されます。
キーボードの Enter キーを押してコマンドを終了します。

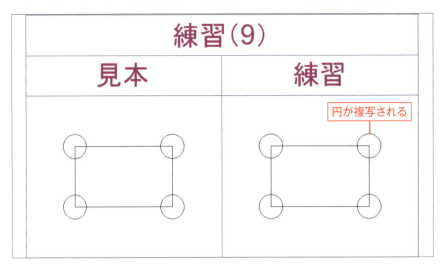

線分を指定した距離で水平(垂直)方向に複写する

練習用ファイル「AutoCAD Study 01.dwg」の練習(10)を使用します。
【オフセット】コマンドを使い、数値入力で指定した位置に、線分を水平または垂直方向に複写します。

ステータスバー→ P.15

拡大表示→ P.31

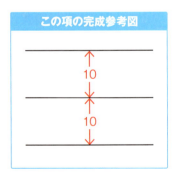
この項の完成参考図

1 2.1 で開いた「AutoCAD Study 01.dwg」ファイルの「練習(10)」を、図のように拡大します。

2 ステータスバーの【ダイナミック入力】ボタンをクリックしてオンにします。

3 線分をクリックして選択します。

4 【オフセット】ボタン(2018 / 2017は)をクリックします。

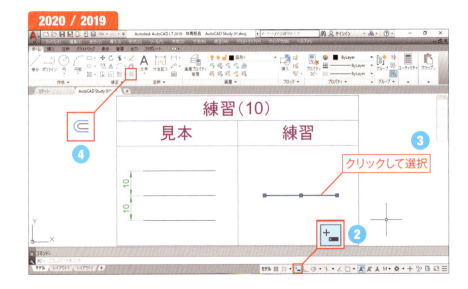

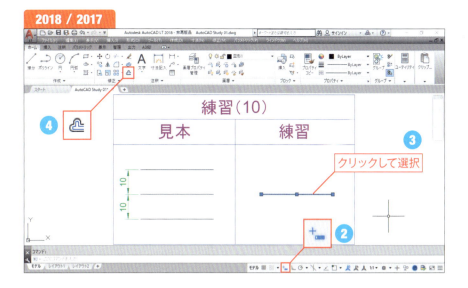

▶▶困ったときは

数値が入力できない
→ P.213

5 キーボードから「10」と入力し、Enter キーを押します。

6 手順❸で選択した複写元の線分よりも上の任意の位置をクリックします。

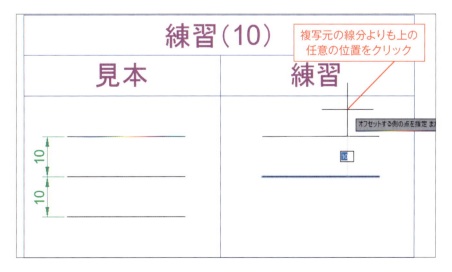

7 複写元の線分の上の10離れた位置に線分が複写されます。
再度、複写元の線分をクリックします。

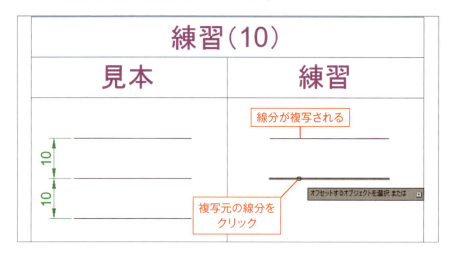

8 手順7で選択した複写元の線分よりも下の任意の位置をクリックします。

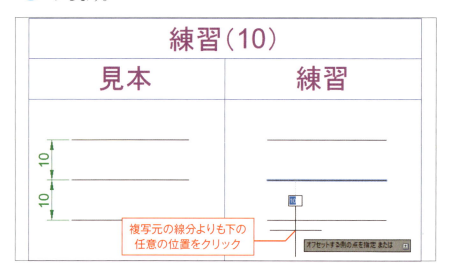

9 複写元の線分の下の10離れた位置に線分が複写されます。
キーボードの Enter キーを押してコマンドを終了します。

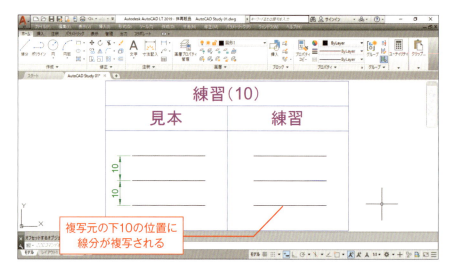

線対称に複写（鏡像複写）する

練習用ファイル「AutoCAD Study 01.dwg」の練習(11)を使用します。【鏡像】コマンドを使って、図形を線対称に複写（鏡像複写）します。

ステータスバー→ P.15

拡大表示→ P.31

この項の完成参考図

▶▶困ったときは

図形が1つしか選択できない
→ P.210

1. 2.1 で開いた「AutoCAD Study 01.dwg」ファイルの「練習(11)」を、図のように拡大します。

2. ステータスバーの【ダイナミック入力】ボタンと【オブジェクトスナップ】ボタンをクリックしてオンにします。

3. 三角形の3辺をクリックして選択します。

4. 【鏡像】ボタンをクリックします。

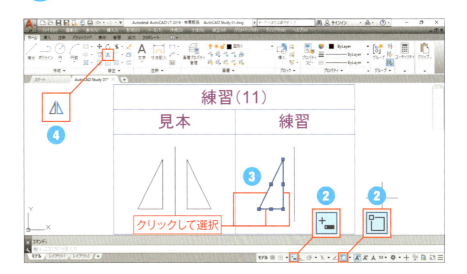

5. 鏡像複写の基準となる線分の下端にカーソルを合わせ、【端点】マーカーが表示される点をクリックします。

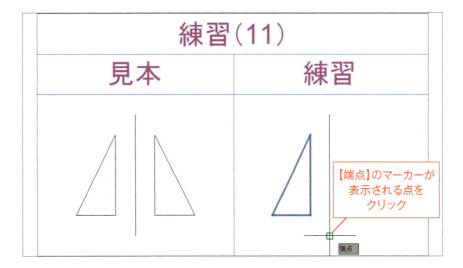

❻ カーソルを上に移動し、線分の上端にカーソルを合わせ、【端点】マーカーが表示される点をクリックします。

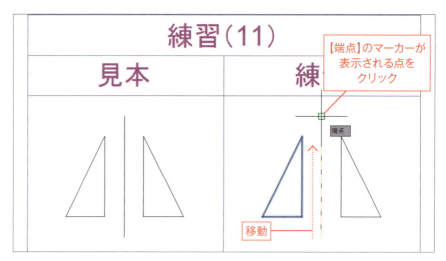

> **メモ**
> 手順❼で複写元の図形を消去する場合は、プロンプトに「元のオブジェクトを消去しますか?」と表示されたら、【はい】をクリックします。

❼ カーソル横とコマンドウィンドウに「元のオブジェクトを消去しますか?」と表示されるので、【いいえ】をクリックします。

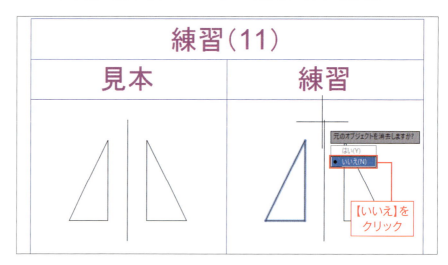

❽ 三角形が線対称に複写(鏡像複写)されます。

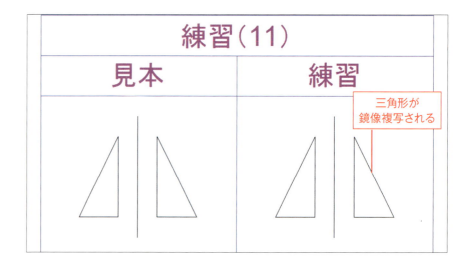

角度を指定して回転する

練習用ファイル「AutoCAD Study 01.dwg」の練習(12)を使用します。【回転】コマンドを使って、指定した角度で図形を回転します。

ステータスバー → P.15

拡大表示 → P.31

この項の完成参考図

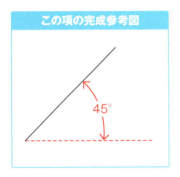

1. 2.1 で開いた「AutoCAD Study 01.dwg」ファイルの「練習(12)」を、図のように拡大します。

2. ステータスバーの【ダイナミック入力】ボタンと【オブジェクトスナップ】ボタンをクリックしてオンにします。

3. 線分をクリックして選択します。

4. 【回転】ボタンをクリックします。

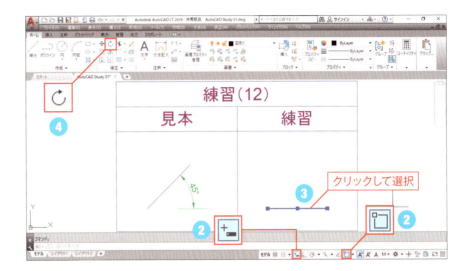

5. 回転の基点を指定します。手順3で選択した線分の左端にカーソルを合わせ、【端点】マーカーが表示される点をクリックします。

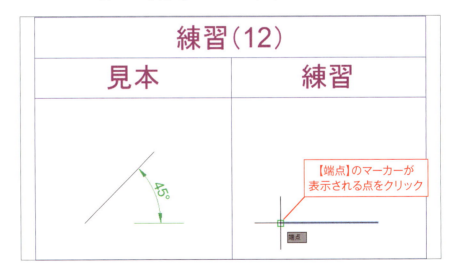

▶▶困ったときは

数値が入力できない
→ P.213

⑥ キーボードから「45」と入力し、Enter キーを押します。

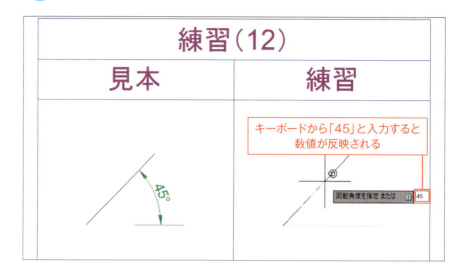

▶▶困ったときは

指定した角度で回転できない
→ P.216

⑦ 基点を中心に線分が45度回転します。

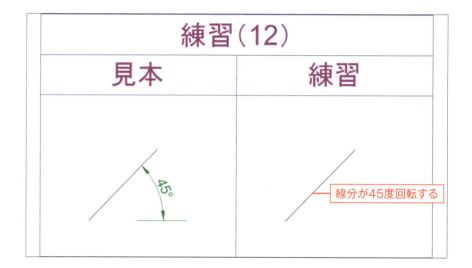

2.5 図形を削除／延長する・角を作る

この節のポイント 【トリム】【延長】コマンド／【長さ変更】コマンド／【フィレット】コマンドの使い方

図形の一部を削除する

練習用ファイル「AutoCAD Study 01.dwg」の練習（13）を使用します。【トリム】コマンドを使って、図形の一部を削除します。

ステータスバー→ P.15

拡大表示→ P.31

この項の完成参考図

注意
【トリム】コマンドは、クリックして選択した基準線（切り取りエッジ）の位置まで図形を削除します。そのため、最初に基準線（切り取りエッジ）となる線分を選択する必要があります。

1. 2.1 で開いた「AutoCAD Study 01.dwg」ファイルの「練習（13）」を、図のように拡大します。

2. ステータスバーの【ダイナミック入力】ボタンをクリックしてオンにします。

3. 基準線（切り取りエッジ）となる線分をクリックして選択します。

4. 【トリム】ボタン（2018／2017は ）をクリックします。

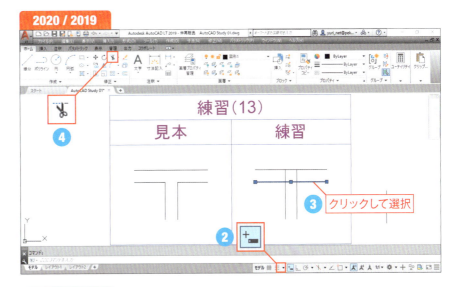

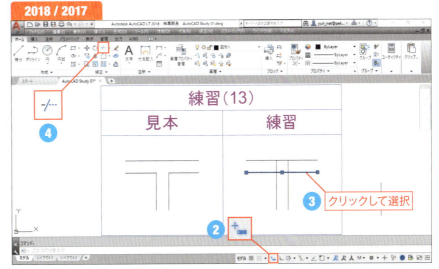

5 左側の垂直な線分の、削除する部分をクリックします。

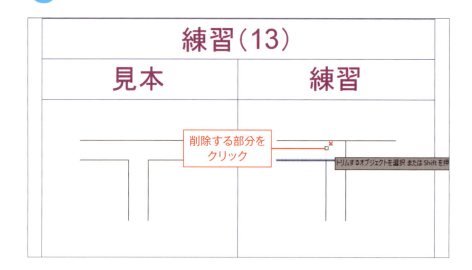

6 クリックした線分が手順❸で選択した基準線の位置まで削除されます。

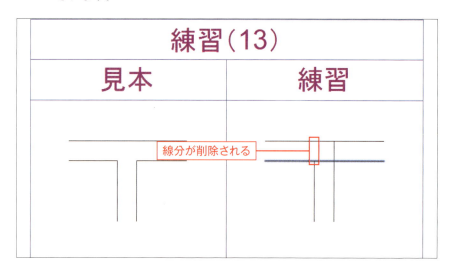

7 手順❹と同様に右の線分の削除する部分をクリックします。

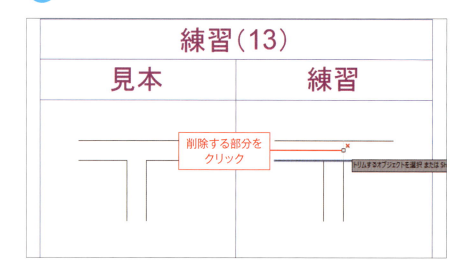

8 クリックした線分が手順❸で選択した基準線の位置まで削除されます。

キーボードの Enter キーを押してコマンドを終了します。

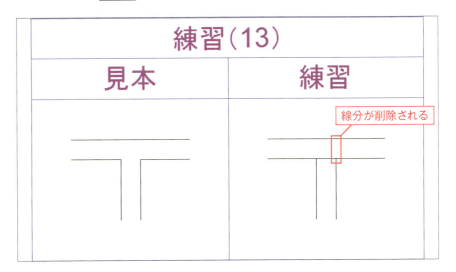

9 基準線(切り取りエッジ)となる2本の線分をクリックして選択します。

10 ✂【トリム】ボタン(2018／2017は ⊬)をクリックします。

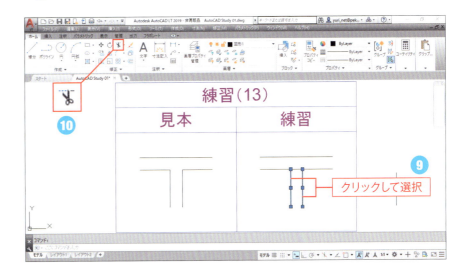

⑪ 下側の水平な線分の、削除する部分をクリックします。

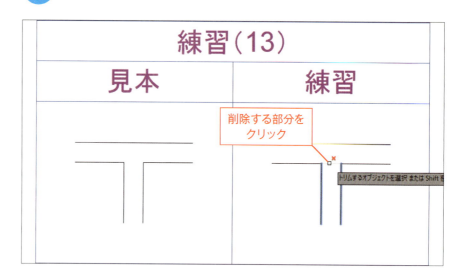

⑫ クリックした線分が手順⑨で選択した基準線の位置まで削除されます。
キーボードの Enter キーを押してコマンドを終了します。

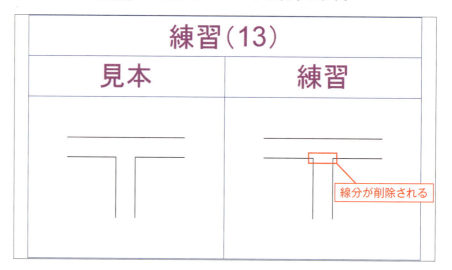

指定した図形の位置まで線分を延長する

練習用ファイル「AutoCAD Study 01.dwg」の練習(14)を使用します。【延長】コマンドを使って、指定した位置まで線分を延長します。

ステータスバー→ P.15

拡大表示→ P.31

この項の完成参考図

> **注意**
> 【延長】コマンドは、クリックで選択した基準線(境界エッジ)の位置まで図形を延長します。そのため、最初に基準線(境界エッジ)となる線分を選択する必要があります。

1. 2.1 で開いた「AutoCAD Study 01.dwg」ファイルの「練習(14)」を、図のように拡大します。

2. ステータスバーの【ダイナミック入力】ボタンをクリックしてオンにします。

3. 基準線(境界エッジ)となる線分をクリックして選択します。

4. 【トリム】ボタン(2018 / 2017は)の横の▼ボタンをクリックし、表示されるメニューの【延長】ボタン(2018 / 2017は)をクリックします。

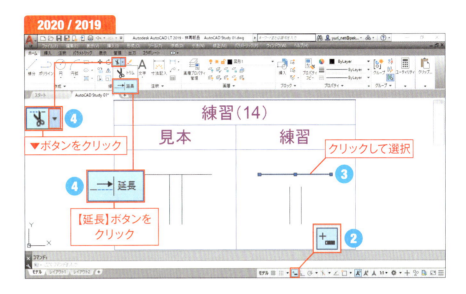

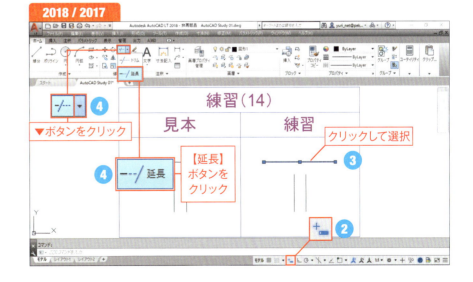

メモ

線分を延長する際、その線分を延長する側をクリックします。

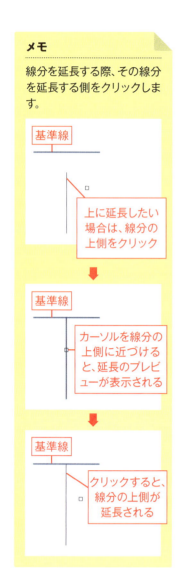

▶▶困ったときは

【延長】コマンドで図形が延長できない→ P.216

⑤ 左側の垂直な線分の、延長する側（ここでは上側）をクリックします。

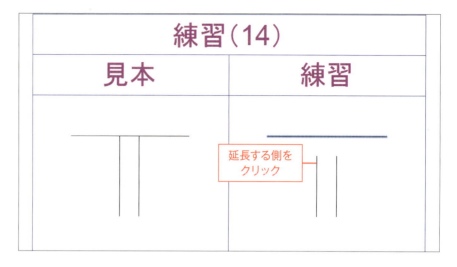

⑥ クリックした線分が手順③で選択した基準線の位置まで延長されます。

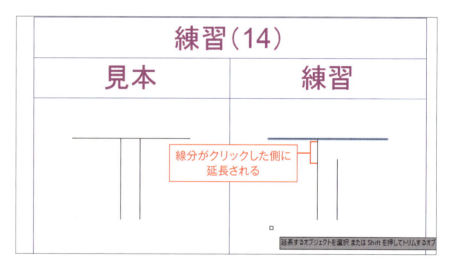

⑦ 続けて、手順⑤と同様に、右側の線分の延長する側（ここでは上側）をクリックします。

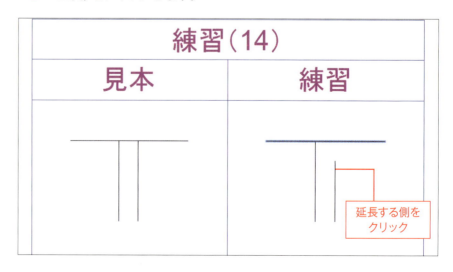

8 クリックした線分が手順❸で選択した基準線の位置まで延長されます。
キーボードの Enter キーを押してコマンドを終了します。

長さを指定して線分を延長する

練習用ファイル「AutoCAD Study 01.dwg」の練習(15)を使用します。【長さ変更】コマンドを使って、数値入力で指定した長さだけ、線分を延長します。

ステータスバー→ P.15

拡大表示→ P.31

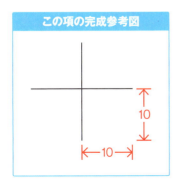

1 2.1 で開いた「AutoCAD Study 01.dwg」ファイルの「練習(15)」を、図のように拡大します。

2 ステータスバーの【ダイナミック入力】ボタンをクリックしてオンにします。

3 【修正】パネルのパネル名部分をクリックして展開し、【長さ変更】ボタンをクリックします。

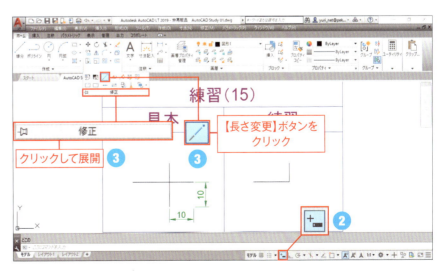

▶▶困ったときは

右クリックしてもコンテキストメニューが表示されない
→ P.217

4 作図領域内で右クリックし、表示されるコンテキストメニューの【増減】をクリックします。

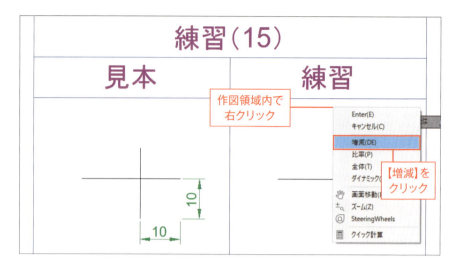

▶▶困ったときは

数値が入力できない
→ P.213

メモ

延長ではなく、短縮する場合は、キーボードから「-10」とマイナス記号を付けて入力します。

5 キーボードから「10」と入力し、Enter キーを押します。

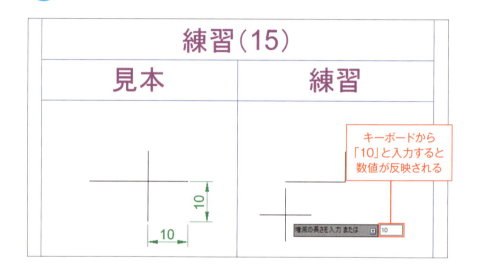

6 垂直線の延長する側(ここでは下側)をクリックします。

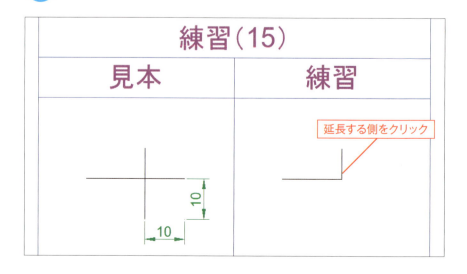

7 クリックした線分が指定した長さ分延長されます。

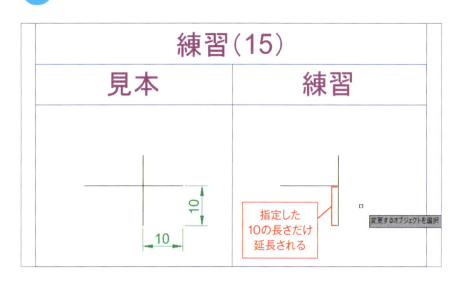

8 続けて、手順 **6** と同様に、水平な線分の延長する側（ここでは右側）をクリックします。

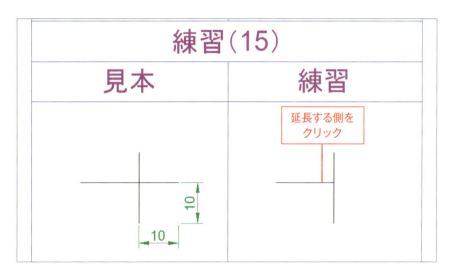

9 クリックした線分が指定した長さ分延長されます。
キーボードの Enter キーを押してコマンドを終了します。

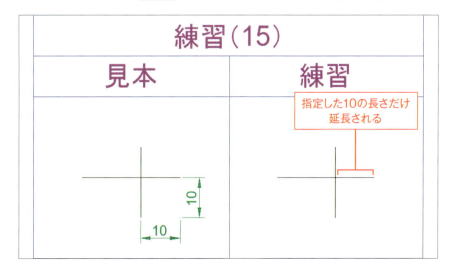

第2章 線や基本形状を作図しよう

角を丸くする（Rをつける）

練習用ファイル「AutoCAD Study 01.dwg」の練習(16)を使用します。【フィレット】コマンドを使って、図形の角を丸めます（Rをつける）。

ステータスバー→ P.15

拡大表示→ P.31

この項の完成参考図

① 2.1 で開いた「AutoCAD Study 01.dwg」ファイルの「練習(16)」を、図のように拡大します。

② ステータスバーの【ダイナミック入力】ボタンをクリックしてオンにします。

③ 【フィレット】ボタン（2018 / 2017は ）をクリックします。

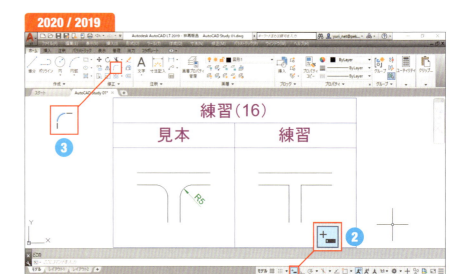

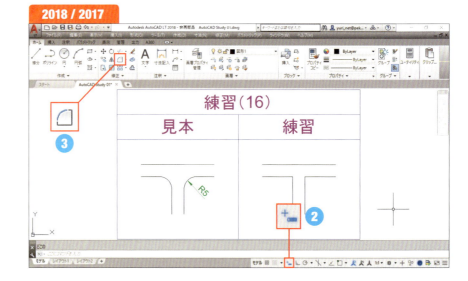

82

▶▶困ったときは

右クリックしてもコンテキストメニューが表示されない
→ P.217

④ 作図領域内で右クリックし、表示されるコンテキストメニューの【半径】をクリックします。

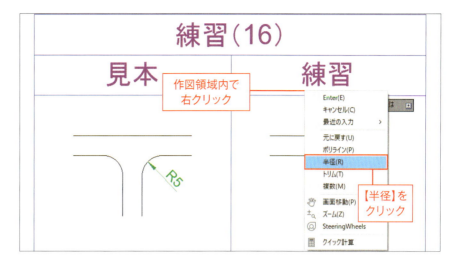

▶▶困ったときは

数値が入力できない
→ P.213

⑤ キーボードから「5」と入力し、Enter キーを押します。

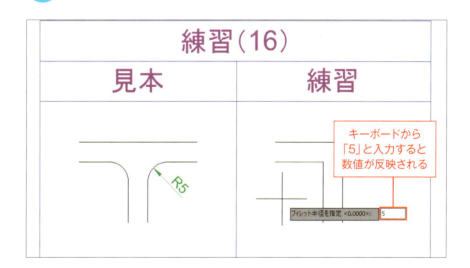

メモ

手順⑥の線分のクリック順にかかわらず、フィレットの結果は同じになります。

⑥ 角を構成する2本の線分をクリックします。

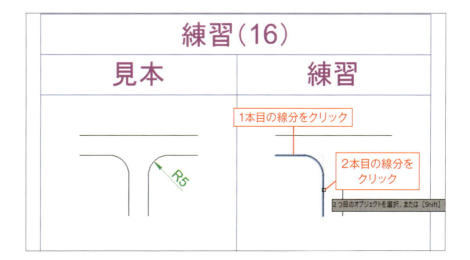

7 角に半径5の丸みがつきます。

8 再度、[]【フィレット】ボタン（2018／2017は[]）をクリックします。

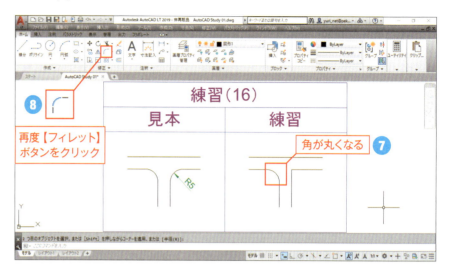

9 手順6と同様に、角を構成する2本の線分をクリックします。

メモ
手順9の線分のクリック順にかかわらず、フィレットの結果は同じになります。

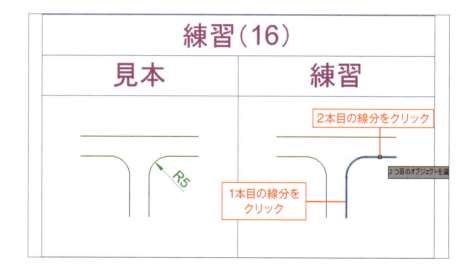

> **メモ**
>
> 手順❺で入力した半径の値は、指定を変更するまで維持されます。
> 半径を変更する場合は、手順❽で【フィレット】ボタンをクリックした後、手順❹、❺と同様に【半径】オプションを選択し、任意の値をキーボードから入力します。

10 角に半径5の丸みがつきます。

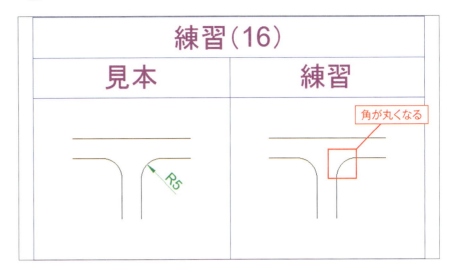

角を作成する

練習用ファイル「AutoCAD Study 01.dwg」の練習(17)を使用します。【フィレット】コマンドを使って、フィレット半径(丸み半径)を「0」と指定することで丸みのない角を作成します。

ステータスバー→ P.15

拡大表示→ P.31

この項の完成参考図

1 2.1 で開いた「AutoCAD Study 01.dwg」ファイルの「練習(17)」を、図のように拡大します。

2 ステータスバーの【ダイナミック入力】ボタンをクリックしてオンにします。

3 【フィレット】ボタン(2018 / 2017は)をクリックします。

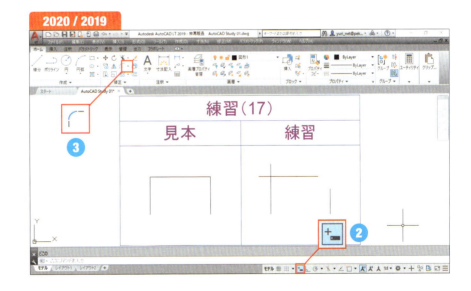

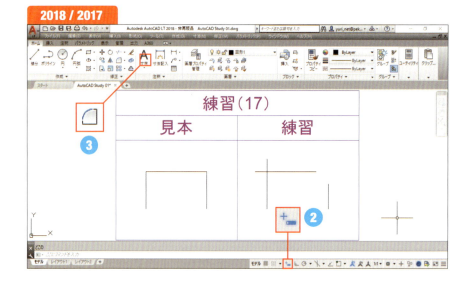

▶▶困ったときは

右クリックしてもコンテキストメニューが表示されない
→ P.217

4 作図領域内で右クリックし、表示されるコンテキストメニューの【半径】をクリックします。

▶▶困ったときは

数値が入力できない
→ P.213

5 キーボードから「0」と入力し、Enter キーを押します。

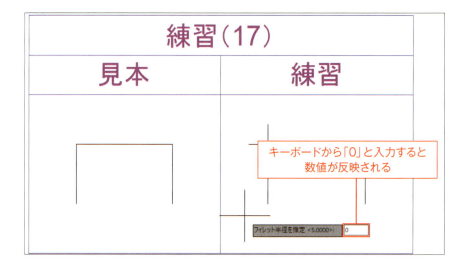

> **メモ**
> 手順❻の線分のクリック順にかかわらず、フィレットの結果は同じになります。

❻ 角を構成する2本の線分をクリックします。

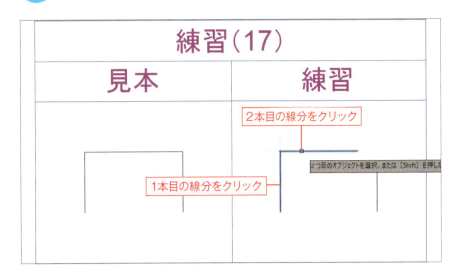

❼ 丸みのない(丸み半径「0」)角が作成されます。

❽ 再度、【フィレット】ボタン(2018 / 2017は）をクリックします。

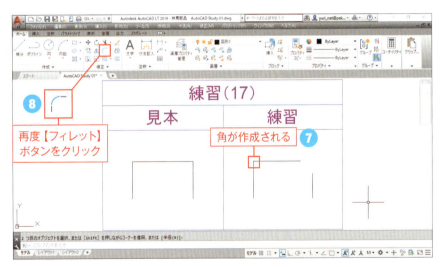

メモ

手順❾の線分のクリック順にかかわらず、フィレットの結果は同じになります。

❾ 手順❻と同様に、角を構成する2本の線分をクリックします。

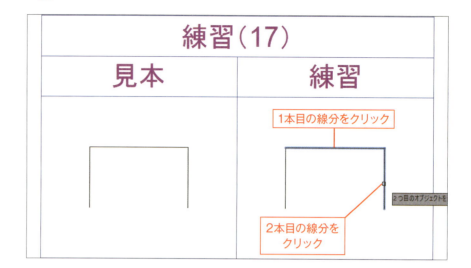

❿ 丸みのない（丸み半径「0」）角が作成されます。

メモ

手順❺で入力した半径の値は指定を変更するまで維持されます。
半径を変更する場合は、手順❽で【フィレット】ボタンをクリックした後、手順❹、❺と同様に【半径】オプションを選択し、任意の値をキーボードから入力します。

2.6 画層を操作する

この節のポイント 【画層】／【プロパティ】パレット／【プロパティコピー】コマンドの使い方

画層とは？

ここでは、「画層」を使用して、図形の作成や編集を行います。まず最初に、画層の基本的な仕組みについて理解しておきましょう。

一般的に、CADで作成された図面は複数の画層（「レイヤ」とも呼ばれます）が重なり合っています。図の例では、図面は図面枠、壁、寸法の3つの画層の重なりによって構成されています。画層を使うことで図形の色や線種の変更、表示／非表示の切り替えなどが効率的に行えます。

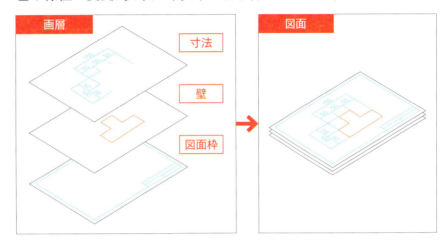

線色や線種を変えて線分をかく

練習用ファイル「AutoCAD Study 01.dwg」の練習(18)を使用します。【画層】を使って、線色や線種を変更して線分をかきます。

ステータスバー→ P.15

拡大表示→ P.31

この項の完成参考図

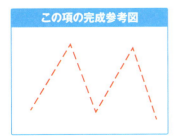

① 2.1 で開いた「AutoCAD Study 01.dwg」ファイルの「練習(18)」を、図のように拡大します。

② ステータスバーの【ダイナミック入力】ボタンをクリックしてオンにします。

③ 【画層】をクリックします。

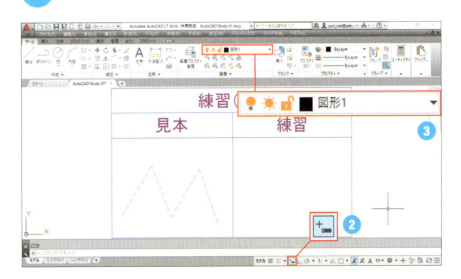

> **メモ**
> 【画層】に表示されている画層を「現在画層」といいます。作成中の図形は、「現在画層」上に作成されていることになります。

4 表示されるプルダウンメニューの【図形2】の文字部分をクリックします。これにより画層が【図形2】に切り替わり、以降の手順でかく線分が【図形2】画層上に作成されます。

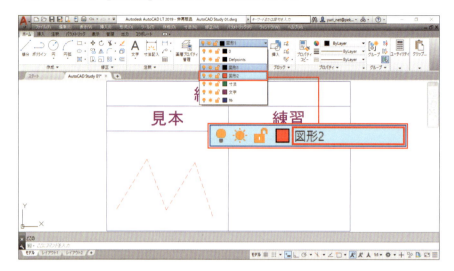

5 ◱【線分】ボタンをクリックします。

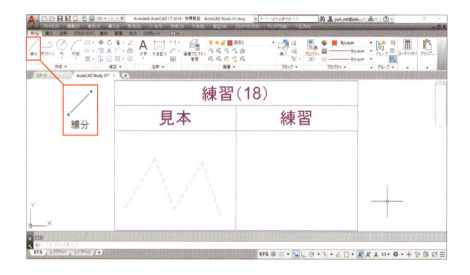

▶▶困ったときは

線色や線種が異なる
→ P.215

▶▶困ったときは

クリックしても線分がかけ
ない→ P.215

6 図のように、任意の位置を5カ所クリックして線分をかきます。
【図形2】画層は、色が「赤」、線種が「破線」に設定されている
ため、線分が赤色の破線になります。
キーボードの Enter キーを押してコマンドを終了します。

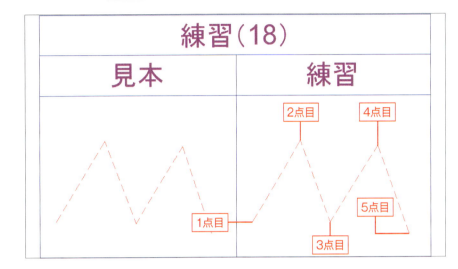

作成した図形の画層を変更する①【オブジェクトプロパティ管理】を使う

練習用ファイル「AutoCAD Study 01.dwg」の練習(19)を使用します。
【プロパティ】パレットを使って、作成した線分の画層を変更します。線分の線色や線種は、画層の設定に従って変更されます。

ステータスバー→ P.15

拡大表示→ P.31

1 2.1 で開いた「AutoCAD Study 01.dwg」ファイルの「練習(19)」を、図のように拡大します。

2 ステータスバーの【ダイナミック入力】ボタンをクリックしてオンにします。

3 4本の線分をクリックして選択します。

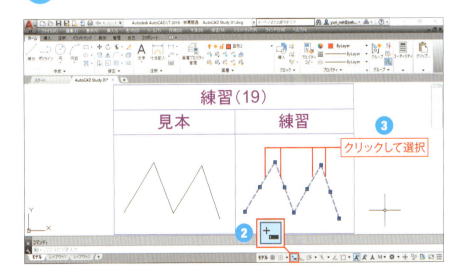

この項の完成参考図

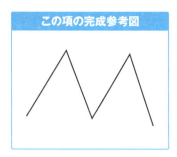

▶▶ 困ったときは

図形が1つしか選択できない
→ P.210

▶▶ 困ったときは

右クリックしてもコンテキストメニューが表示されない
→ P.217

メモ

【プロパティ】パレットでは、画層以外にも図形のさまざまなプロパティ（属性）を変更／設定できます。なお、【プロパティ】パレットは「【オブジェクトプロパティ管理】パレット」とも呼ばれます。

▶▶ 困ったときは

【プロパティ】パレットが表示されない→ P.217

---

④ 作図領域内で右クリックし、表示されるコンテキストメニューの【オブジェクトプロパティ管理】をクリックします。

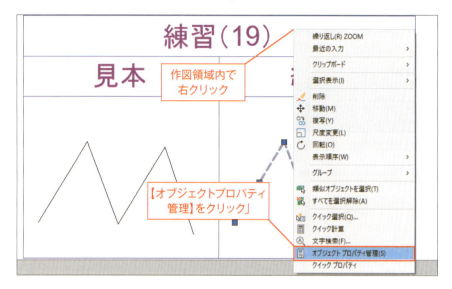

⑤ 表示される【プロパティ】パレットの【画層】欄をクリックし、プルダウンメニューの【図形1】をクリックします。

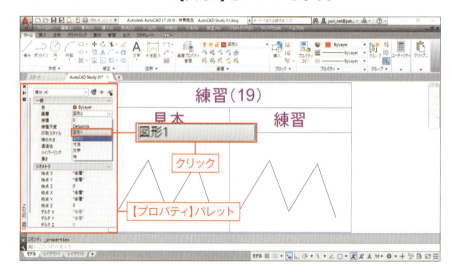

6 【プロパティ】パレット左上の ✕【閉じる】ボタンをクリックしてパレットを閉じます。
キーボードの Esc キーを押して、線分の選択状態を解除します。

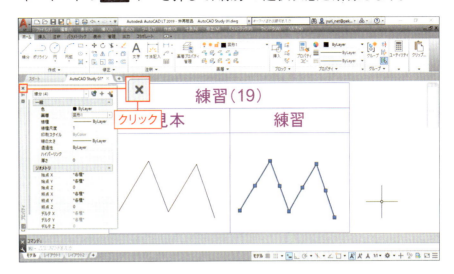

7 線分の画層が【図形1】に変更され、線色が「黒」(作図領域が黒の場合は「白」)に、線種が「実線」になります。

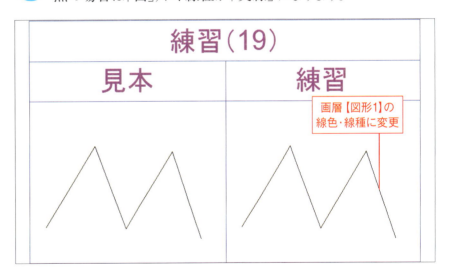

画層【図形1】の線色・線種に変更

作成した図形の画層を変更する②【プロパティコピー】コマンドを使う

練習用ファイル「AutoCAD Study 01.dwg」の練習(20)を使用します。【プロパティコピー】コマンドを使って、作成した線分の画層を変更します。P.92の【プロパティ】パレットでの画層変更と同様、線分の線色や線種は、画層の設定に従って変更されます。

ステータスバー→ P.15

拡大表示→ P.31

この項の完成参考図

1. 2.1 で開いた「AutoCAD Study 01.dwg」ファイルの「練習(20)」を、図のように拡大します。

2. ステータスバーの【ダイナミック入力】ボタンをクリックしてオンにします。

3. 「見本」欄の線分をクリックして選択します。

4. 【プロパティコピー】ボタンをクリックします。

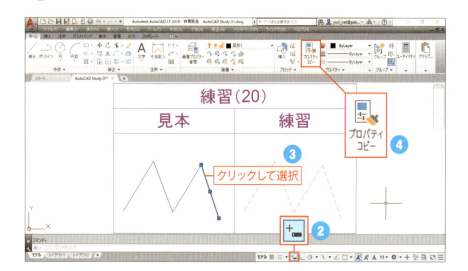

5. 「練習」欄の4本の線分をクリックします。

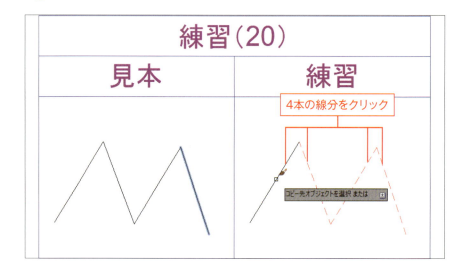

6 クリックした線分の画層が【図形1】に変更され、線色が「黒」(作図領域が黒の場合は「白」)に、線種が「実線」になります。
キーボードの Enter キーを押してコマンドを終了します。

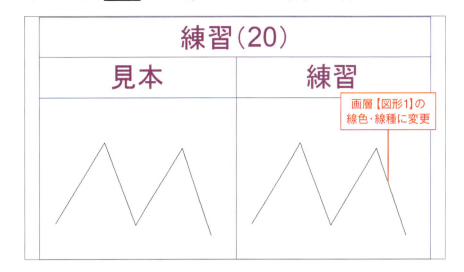

COLUMN　AutoCAD LT のアプリケーションメニュー

見つからないコマンドを検索する

AutoCAD LTには数多くのコマンドが用意されています。リボンから選択できるのは、利用できるコマンドの一部でしかありません。リボンにないコマンドは、メニューから実行したり、右クリックによるコンテキストメニューから実行したりします。

リボンからコマンドを見つけられないときや、うろ覚えのコマンドを実行したいときに便利なのが、アプリケーションメニューの【検索フィールド】です。【検索フィールド】に探したいコマンドのキーワードを入力すれば、入力したキーワードに関連するコマンドを見つけ出し、表示してくれます。

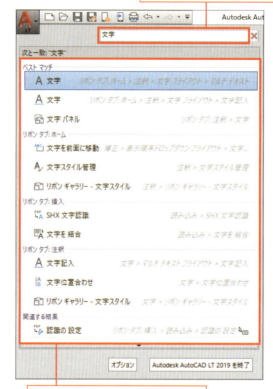

コマンドの確認と実行

検索結果として表示されているコマンドにカーソルを合わせると、簡単なヘルプが表示されます。コマンドによっては、カーソルを合わせてからしばらく待つと、少し詳しいコマンドのガイダンスが表示されるものもあります。この状態で F1 キーを押すと、さらに詳しいヘルプが表示されます。

また、検索結果として表示されているコマンドをクリックすると、そのままコマンドを実行できるので、使用した経験が少ないコマンドの場合でも、あらかじめ内容や操作方法を確認してから実行できます。

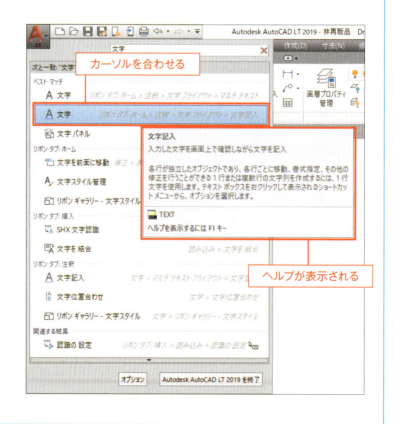

第3章

図面を作成しよう

この章では、これまでに学んだコマンドや操作方法を踏まえて、
簡単な店舗の平面図を作成します。
通り芯の作成から柱・壁の作成と続き、開口部の作成、建具の配置、
部屋名の入力を行い、最後に図面を印刷します。
建具の配置では、サッシ窓やドア、トイレ、キッチンなどの「ブロック」を利用し、
より効率的に図面を作成します。

この章で学ぶこと

- 通り芯をかく
- 寸法線をかく
- 通り芯記号を作成する
  （ブロックの使用）
- 壁と柱をかく
- 開口部を作成する
- 建具と設備を配置する
  （ブロックの使用）
- 部屋名をかく
- 印刷する

この章で使用するサンプルファイルは、教材データの「AutoCAD Study」フォルダに収録されています。
あらかじめ、P.10の解説にしたがって、「AutoCAD Study」フォルダをデスクトップに移動してください。

3.1 図面作成を始める前に

この節のポイント 図面作成の手順

完成図面と図面作成手順

この章では、図のような店舗平面図を作成します。

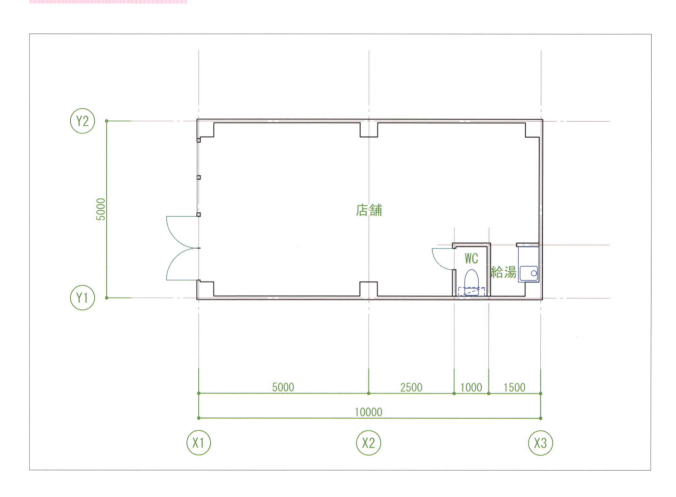

> **メモ**
> この章では、教材データの「AutoCAD Study」フォルダにある、「AutoCAD Study 02.dwg」ファイルを使用して平面図作成を進めます。
> また、各項の「ここからはじめる」欄に記載されたファイル（「ch03-201.dwg」～「ch03-901.dwg」）を使用すれば、その項から作成を始められます。

店舗平面図は、以下のような手順で作成します。

1. 通り芯をかく
2. 寸法線をかく
3. 通り芯記号を作成する
4. 壁と柱をかく
5. 開口部を作成する
6. 建具と設備を配置する
7. 部屋名をかく
8. 印刷する

3.2 通り芯をかく

この節のポイント 画層の切り替え・【オフセット】【トリム】【長さ変更】コマンド

全体の通り芯をかく

【線分】コマンドと【オフセット】コマンドを使用して、[壁芯]画層に平面図全体の通り芯(X1〜X3、Y1、Y2)をかきます。

ここからはじめる

「AutoCAD Study」フォルダ→
AutoCAD Study 02.dwg

ステータスバー → P.15

拡大表示 → P.31

この項の完成参考図

> **注意**
> 現在画層が[壁芯]画層になっていない場合は、P.89を参考に画層を変更してください。

▶▶ **困ったときは**

画層が変更できない
→ P.214

---

1. P.29を参考に、練習用ファイル「AutoCAD Study 02.dwg」を開きます。

2. 【画層】の現在画層が[壁芯]画層になっていることを確認します。

3. ステータスバーの【ダイナミック入力】ボタンと【直交モード】ボタンをクリックしてオンにします。

4. 【線分】ボタンをクリックします。

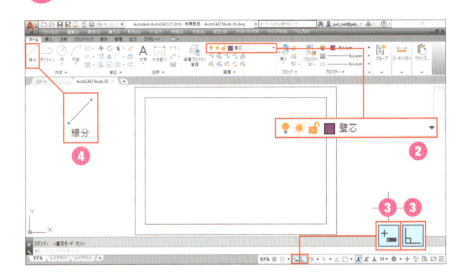

5. 図を参考に、作図領域の任意の場所をクリックし、カーソルを右に移動して任意の場所でクリックします。

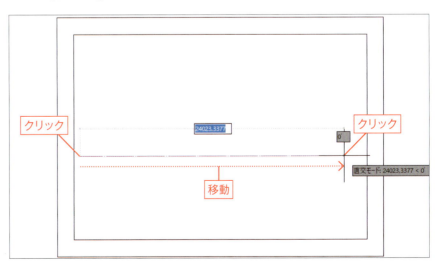

6 通り芯 **Y1** が作成されます。
キーボードの Enter キーを押してコマンドを終了します。

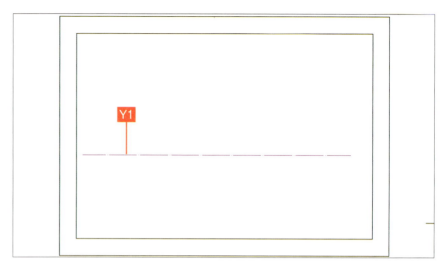

7 手順 ❹〜❺ と同様にして、垂直な通り芯 **X1** をかきます。

8 通り芯 **X1** をクリックして選択します。

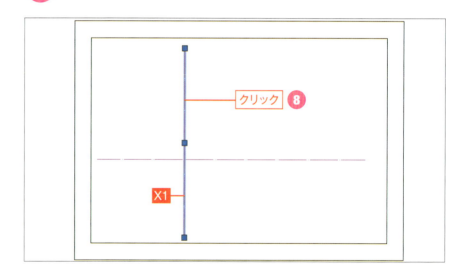

【オフセット】コマンド→ **P.66**

9 【オフセット】ボタン（2018 / 2017 は ）をクリックします。

⑩ キーボードから「5000」と入力し、Enter キーを押します。

⑪ 通り芯 X1 より右の任意の位置をクリックします。

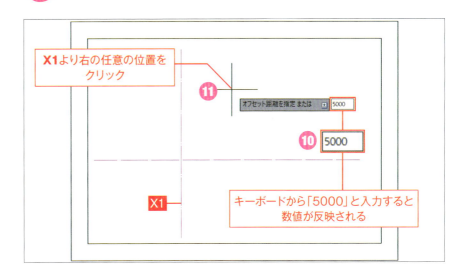

⑫ 通り芯 X1 の右5000の位置に、通り芯 X2 が作成されます。

⑬ 通り芯 X2 をクリックして選択します。

⑭ 通り芯 X2 より右の任意の位置をクリックします。

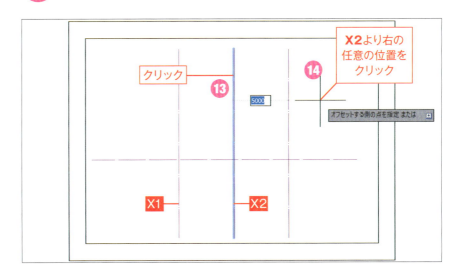

15 通り芯**X2**の右5000の位置に、通り芯**X3**が作成されます。

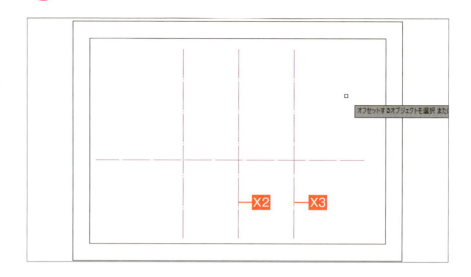

16 通り芯**Y1**をクリックして選択します。

17 通り芯**Y1**より上の任意の位置をクリックします。

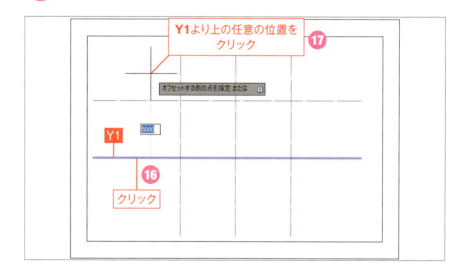

⑱ 通り芯 **Y1** の上5000の位置に、通り芯 **Y2** が作成されます。
キーボードの Enter キーを押してコマンドを終了します。

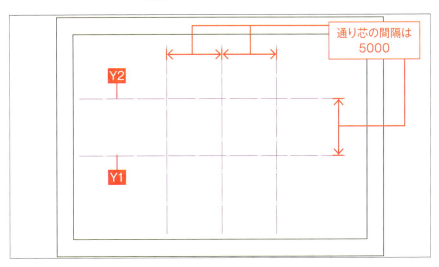

トイレと給湯室の通り芯をかく

平面図全体の通り芯と同様に、トイレと給湯室の通り芯をかきます。

📄 ここからはじめる
「AutoCAD Study」フォルダ→
ch03-201.dwg

【オフセット】コマンド→ P.66

① 通り芯 **Y1** をクリックして選択します。

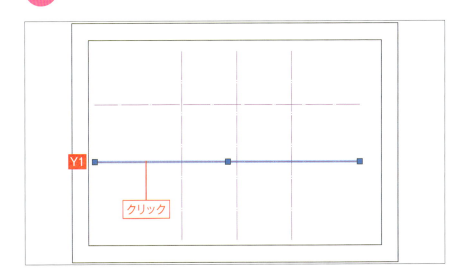

② ⊂【オフセット】ボタン（2018 / 2017は⊿）をクリックします。

3 キーボードから「1500」と入力し、Enter キーを押します。

4 通り芯 Y1 より上の任意の位置をクリックします。

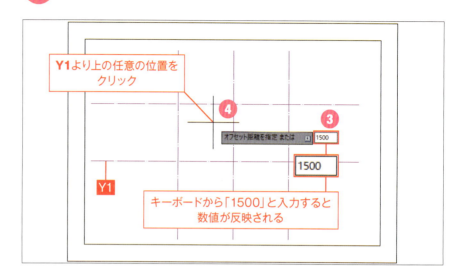

5 通り芯 Y1 の上1500の位置に、通り芯 A が作成されます。
キーボードの Enter キーを押してコマンドを終了します。

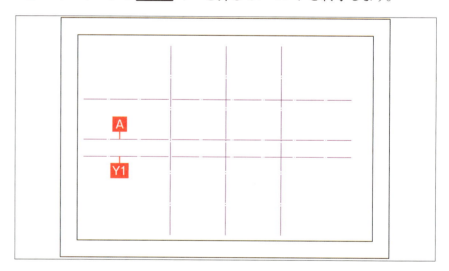

6 手順 **1**〜**5** と同様にして、通り芯 **B** および **C** をかきます。
通り芯 **B** および **C** の設定値は以下のとおりです。

● 通り芯 **B**：通り芯 **X2** を右に2500オフセット
● 通り芯 **C**：通り芯 **B** を右に1000オフセット

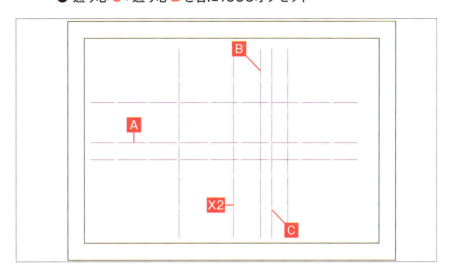

7 通り芯 **A** と **B** をクリックして選択します。

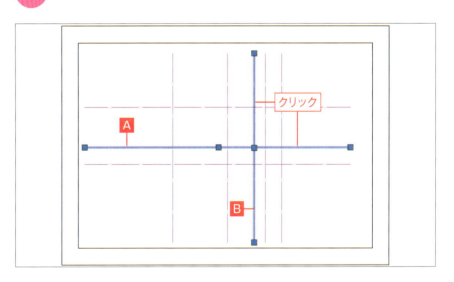

【トリム】コマンド→ P.73

8 【トリム】ボタン（2018 / 2017は ）をクリックします。

⑨ 通り芯**A**の左端側、通り芯**B**と**C**の上端側(●の3カ所)をクリックします。

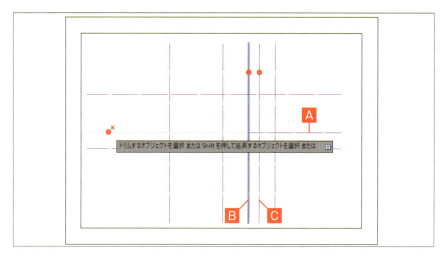

⑩ 通り芯**A**、**B**、**C**がそれぞれトリム(切り取り)されます。
キーボードの Enter キーを押してコマンドを終了します。

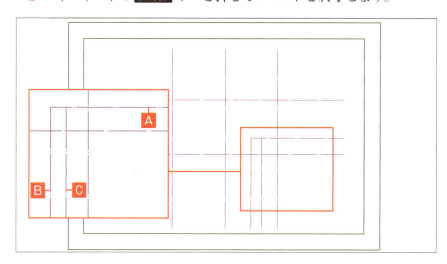

⑪ 【修正】パネルのパネル名部分をクリックして展開し、展開されたパネルの【長さ変更】ボタンをクリックします。

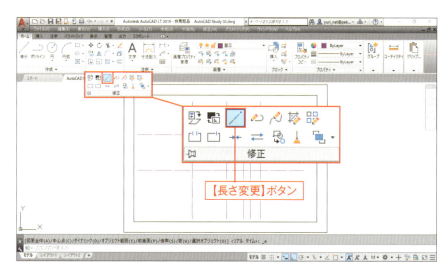

メモ

リボンのパネル名の横に「▼」マークがある場合は、パネル名をクリックすると展開されます。

12 作図領域で右クリックし、表示されるコンテキストメニューの【増減】をクリックします。

▶▶困ったときは

右クリックしてもコンテキストメニューが表示されない
→ P.217

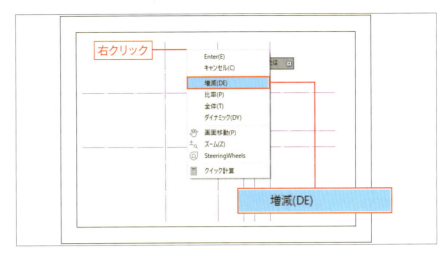

13 キーボードから「500」と入力し、Enter キーを押します。

▶▶困ったときは

数値が入力できない
→ P.213

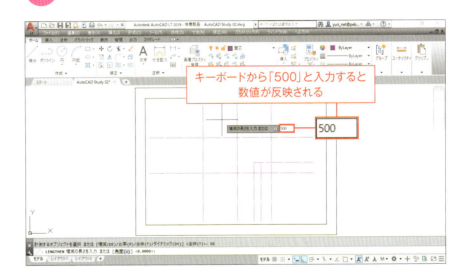

14 通り芯**A**の左端側と通り芯**B**と**C**の上端側（●の3カ所）をクリックします。

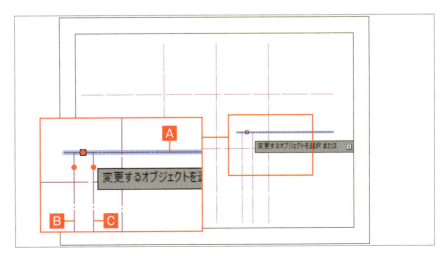

▶▶困ったときは

【長さ変更】で図形の反対側が延長（短縮）される
→ P.216

15　通り芯 **A**、**B**、**C** がそれぞれ500延長されます。
キーボードの Enter キーを押してコマンドを終了します。

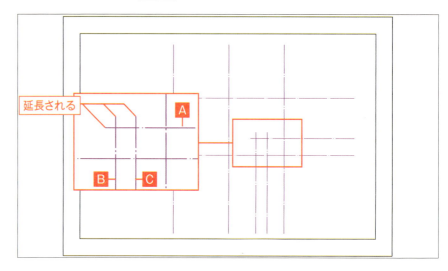

通り芯の長さを調節する

作成した通り芯の長さを、壁に合わせて短くします。
補助線で長方形を作成し、これを基準にして通り芯をトリムします。

ここからはじめる
「AutoCAD Study」フォルダ→
ch03-202.dwg

この項の完成参考図

ステータスバー→ **P.15**

オブジェクトスナップ→ **P.44**

1　ステータスバーの 【ダイナミック入力】ボタンと 【オブジェクトスナップ】ボタンをクリックしてオンにします。

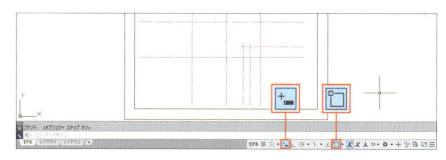

2　【オブジェクトスナップ】ボタンを右クリックし、表示されるコンテキストメニューの【オブジェクトスナップ設定】をクリックします。

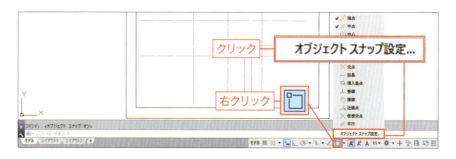

3 表示される【作図補助設定】ダイアログボックスの【すべてクリア】ボタンをクリックします。

4 【オブジェクトスナップモード】の【端点】【中点】【交点】のチェックボックスをクリックしてチェックを入れ、【OK】ボタンをクリックします。

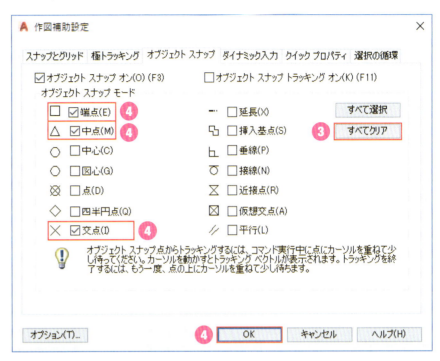

画層→ P.89

▶▶困ったときは

画層が変更できない
→ P.214

5 【画層】をクリックし、表示されるプルダウンメニューの【補助線】をクリックします。

6 【長方形】ボタンをクリックします。

7 通り芯 **X1** と **Y1** との交点をクリックし、次に通り芯 **X3** と **Y2** の交点をクリックします。

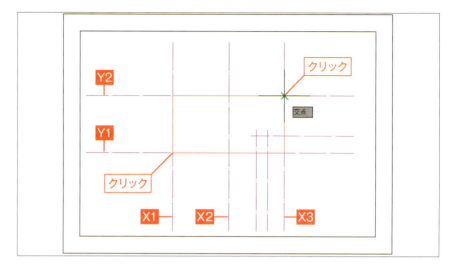

8 作成された長方形をクリックして選択します。

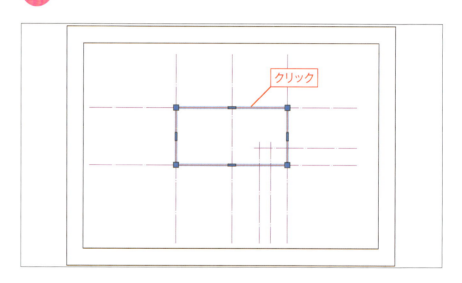

9 【オフセット】ボタン（2018 / 2017 は ）をクリックします。

⑩ キーボードから「2000」と入力し、Enter キーを押します。

⑪ 手順 ❼ で作成した長方形の外側の任意の位置をクリックします。

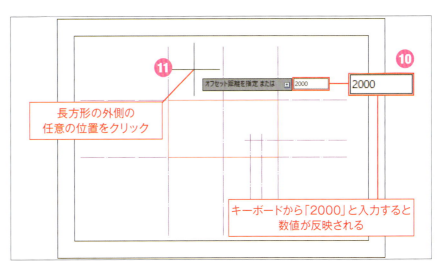

⑫ 長方形が、外側に2000オフセットされます。キーボードの Enter キーを押してコマンドを終了します。

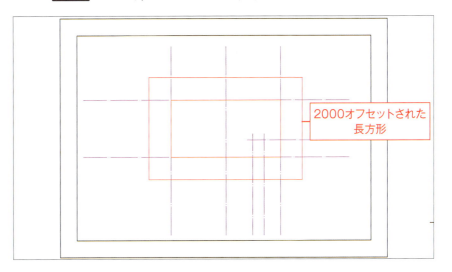

13 手順❼で作成した長方形をクリックして選択し、キーボードの Delete キーを押して削除します。

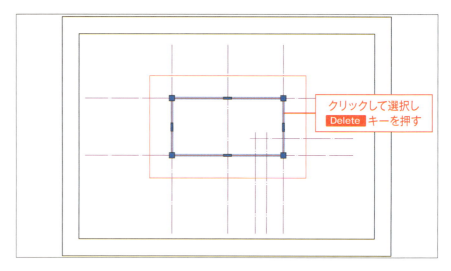

14 手順⓬でオフセットされた長方形をクリックして選択します。

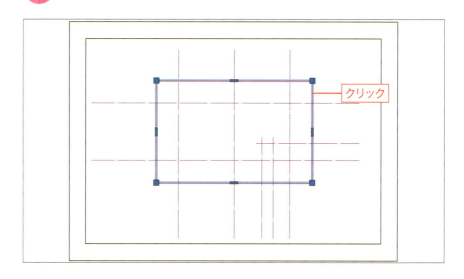

15 ✂【トリム】ボタン（2018 / 2017は -/--）をクリックします。

16 すべての通り芯の、長方形の外側にはみ出している●の部分（13カ所）をクリックします。

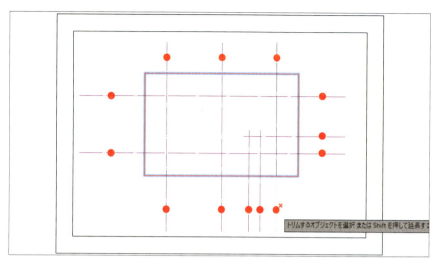

17 すべての通り芯がトリムされます。これですべての通り芯が作成されます。
キーボードの Enter キーを押してコマンドを終了します。

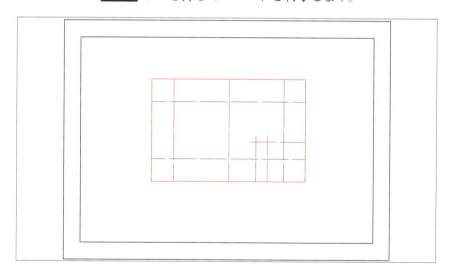

3.3 寸法をかく

この節のポイント 【長さ寸法記入】【直列寸法記入】コマンドの使い方

寸法記入の補助線をかく

寸法を記入するための補助線を作成します。補助線を作成することで寸法を効率的に記入できます。

ここからはじめる
「AutoCAD Study」フォルダ→ch03-301.dwg

この項の完成参考図

メモ
長方形などの多角形は、「ポリライン」と呼ばれる、線分がつながった状態で構成されています。【分解】コマンドを使うことで、ポリラインをそれぞれ個別の線分に分解できます。

① 3.2 の手順⑰から続けます。長方形をクリックして選択します。

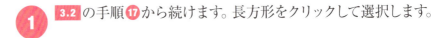

クリック

② 【分解】ボタンをクリックします。

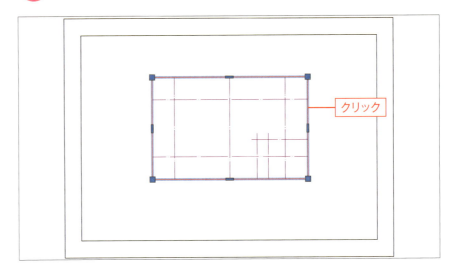

③ 長方形の上辺と右辺をクリックして選択し、キーボードの Delete キーを押して削除します。

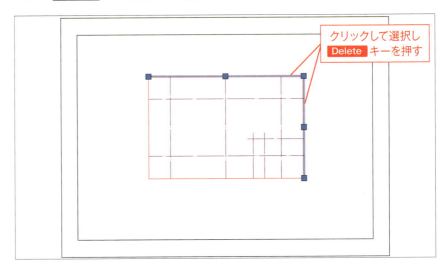

クリックして選択し Delete キーを押す

④ 長方形の左辺をクリックして選択します。

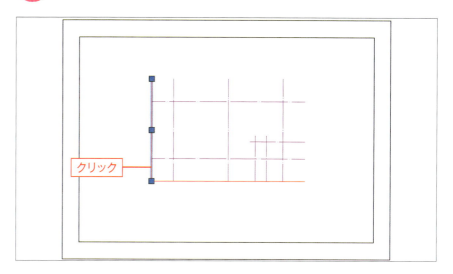

【オフセット】コマンド→ P.66

⑤ ⊆【オフセット】ボタン（2018 / 2017は⊇）をクリックします。

⑥ キーボードから「700」と入力し、Enter キーを押します。

⑦ 長方形の左辺より左の任意の位置をクリックします。

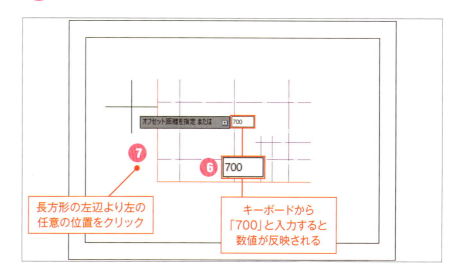

⑧ 長方形の左辺がオフセットされ、左辺の左700の位置に補助線が作成されます。

⑨ 補助線をクリックして選択し、補助線より左の任意の位置をクリックします。

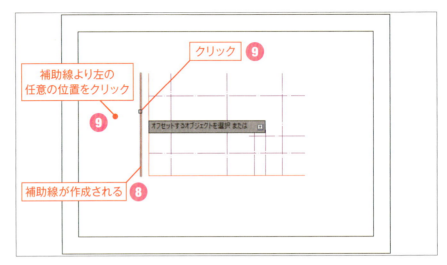

⑩ 補助線の左700の位置に2本目の補助線が作成されます。

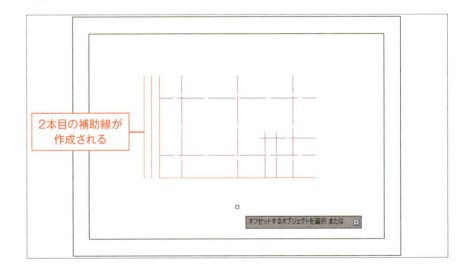

11 同様にして、長方形の下辺を下に700の間隔でオフセットして、水平な補助線を3本作成します。
作成後、キーボードの Enter キーを押してコマンドを終了します。

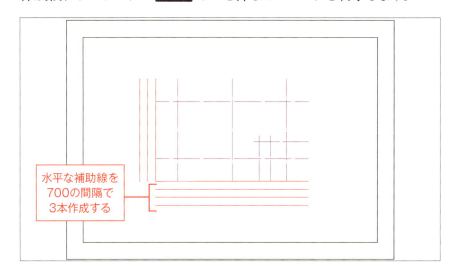

水平な補助線を700の間隔で3本作成する

寸法をかく

前項で作成した補助線を利用して、間隔の揃った寸法をかきます。
寸法は［寸法文字］画層にかくので、現在画層の変更を忘れずに行いましょう。

📄 ここからはじめる
「AutoCAD Study」フォルダ→ ch03-302.dwg

この項の完成参考図

画層→ **P.89**

1 図のように、通り芯と3本の水平な補助線、2本の垂直な補助線が見えるように画面を拡大します。

2 【画層】をクリックし、表示されるプルダウンメニューの【寸法文字】をクリックします。

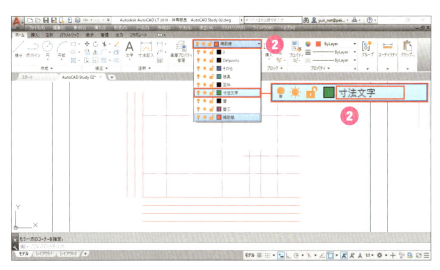

3 【注釈】タブをクリックし、表示される【寸法記入】パネルの【長さ寸法記入】ボタンをクリックします。

▶▶ 困ったときは

画層が変更できない
→ P.214

注意
【長さ寸法記入】ボタンは【ホーム】タブの【注釈】パネルにもあります。【長さ寸法記入】または【長さ寸法】と表記が異なる場合がありますが、どちらも同じコマンドです。

メモ
【長さ寸法記入】コマンドは、最初に2点をクリックで指示して長さを測り、3点目のクリックで寸法の記入位置を指示します。

④ 水平な補助線を利用して寸法をかきます。図のように3点を順番にクリックします。

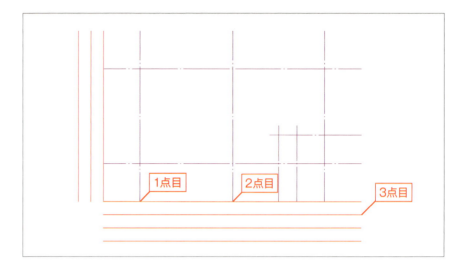

⑤ 寸法が記入されます。

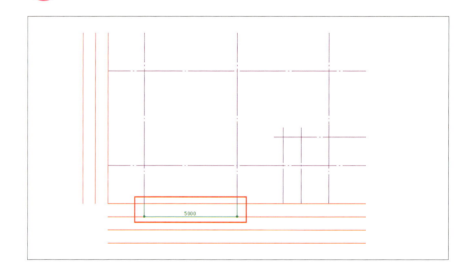

⑥ 【直列寸法記入】ボタンをクリックします。

メモ
【直列寸法記入】コマンドは、直前に記入した寸法と一直線に並べて寸法を記入します。

メモ
意図した寸法から直列寸法が記入されていない場合は、【直列寸法記入】コマンドの【選択】オプションを使用します。

7 手順❺で記入した寸法と直列に寸法を記入します。図のように3点を順番にクリックします。

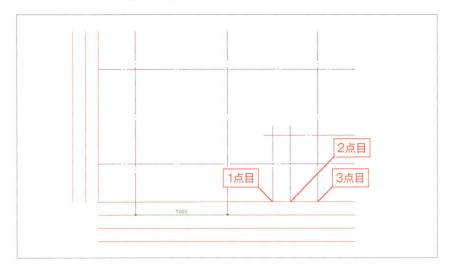

8 寸法が記入されます。
キーボードの Enter キーを押し、手順❺の寸法の直列寸法の記入を終了します。もう一度 Enter キーを押すと、【直列寸法記入】コマンドが終了します。

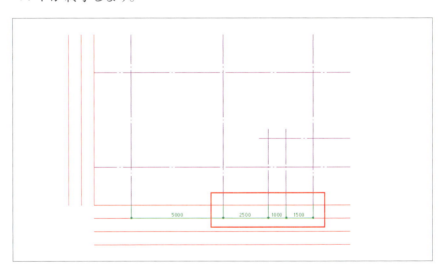

9 【長さ寸法記入】ボタンをクリックします。

10 水平な補助線を利用して寸法をかきます。図のように3点を順番にクリックします。

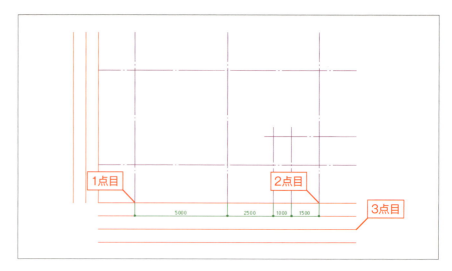

11 寸法が記入されます。

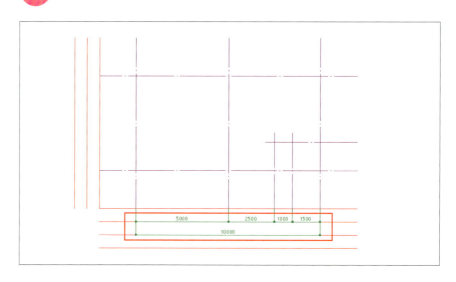

12 ⊢【長さ寸法記入】ボタンをクリックします。

13 垂直な補助線を利用して寸法をかきます。図のように3点を順番にクリックします。

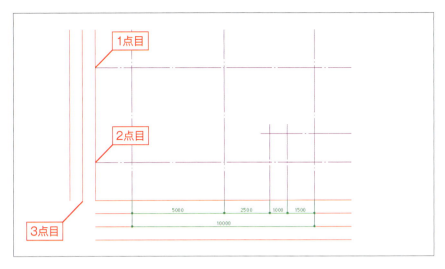

14 寸法が記入されます。

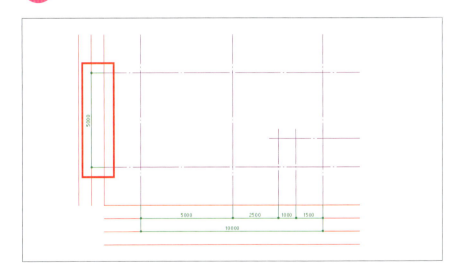

3.4 通り芯記号を作成する

この節のポイント 「ブロック」の挿入方法

通り芯記号のブロックを挿入する

通り芯記号の「ブロック」を図面に挿入／配置します。

ここからはじめる
「AutoCAD Study」フォルダ→
ch03-401.dwg

この項の完成参考図

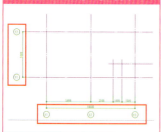

🔍 ブロック
「ブロック」とは、複数の図形や文字などを組み合わせた複合図形のことです。図面記号や建具などに使用されます。

🔍 システム変数
「システム変数」とは、AutoCAD LTのさまざまな設定を行う値です。この値をキーボードから入力することで、設定を変更できます。

1 3.3 の手順⑭から続けます。
キーボードから「ATTDIA」と入力し、Enterキーを押します。

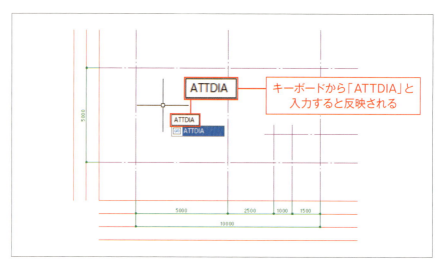

キーボードから「ATTDIA」と入力すると反映される

2 続けてキーボードから「1」と入力し、Enterキーを押します。
これで、以降の操作でブロック属性を入力する際（手順❼）、【属性編集】ダイアログボックスが表示される設定になります。

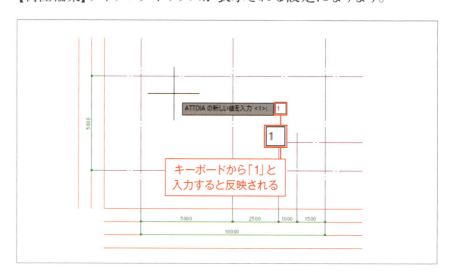

キーボードから「1」と入力すると反映される

メモ

「ATTDIA」はシステム変数の1つで、ブロックの属性値を入力するときの方法を決定します。ATTDIAの値が「1」のときはダイアログボックスを使用し、「0」のときはコマンドウィンドウやプロンプトを使用します。

メモ

ここで使用する【通り芯記号】の「ブロック」は、練習用ファイル「AutoCAD Study 02.dwg」に登録されているブロックです。
「 3.7 建具と設備を配置する」で使用する【キッチン】や【トイレ】などのブロックも登録されています。

③【挿入】タブをクリックし、表示される【ブロック】パネルの【ブロック挿入】ボタンをクリックします。

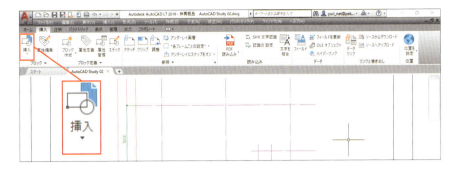

④ ブロックのリストが表示されるので、【通り芯記号】をクリックします。

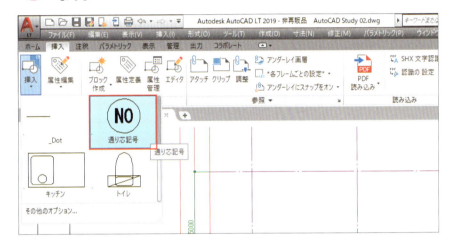

⑤【ブロック挿入】コマンドが実行され、カーソルに【通り芯記号】ブロックが表示されます。

⑥ 通り芯**X1**の下部端点をクリックします。

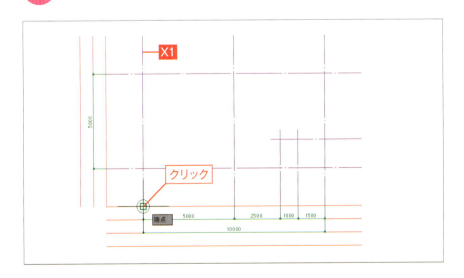

7 【属性編集】ダイアログボックスが表示されます。
ダイアログボックスの【NO】欄に、キーボードから「X1」と入力し、【OK】ボタンをクリックします。

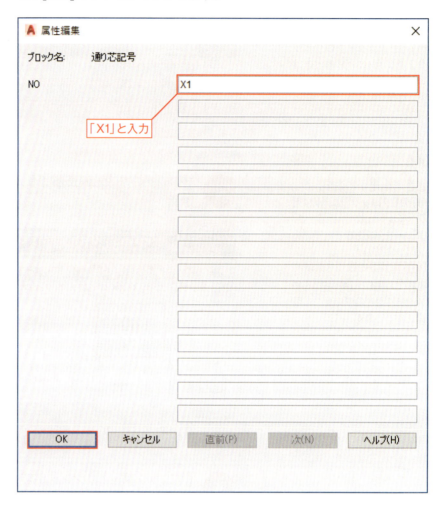

8 通り芯 **X1** の通り芯記号が作成されます。

9 手順 **1**〜**7** と同様にして、図のように通り芯 **X2**、**X3**、**Y1**、**Y2** の通り芯記号を作成します。

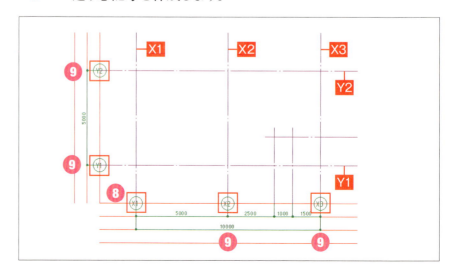

10 通り芯記号**X1**、**X2**、**X3**をクリックして選択します。

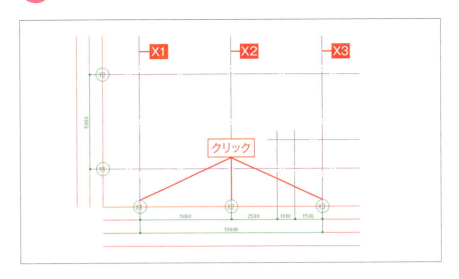

11 ⊕【移動】ボタンをクリックします。

12 図のように端点を順番にクリックします。

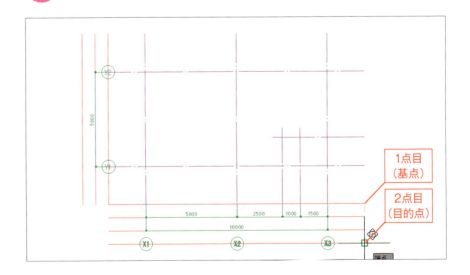

⑬ 通り芯記号 **X1**、**X2**、**X3**が下に移動されます。

⑭ 手順⑩〜⑫と同様にして、図のように通り芯記号 **Y1**、**Y2**を左端の補助線に移動します。

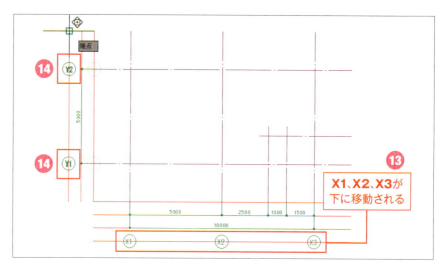

⑮ 7本のすべての補助線(赤い線分)をクリックして選択し、キーボードの Delete キーを押して削除します。

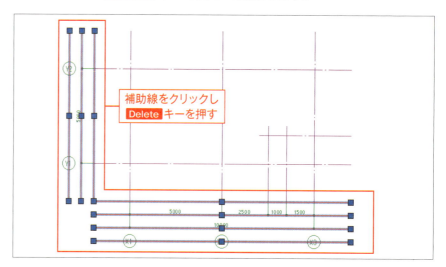

3.5 壁と柱をかく

この節のポイント 画層の切り替え・【オフセット】【複写】【フィレット】【トリム】コマンドの使い方

外壁をかく

[壁]画層に、通り芯 **X1**、**X3**、**Y1**、**Y2** の壁をかきます。それぞれの壁の厚さは「100」です。

ここからはじめる
「AutoCAD Study」フォルダ→
ch03-501.dwg

画層→ P.89

▶▶困ったときは

画層が変更できない
→ P.214

1 3.4 の手順⑮から続けます。【画層】をクリックし、表示されるプルダウンメニューの【壁】をクリックします。

2 通り芯 **X1** と **Y1** の交点付近を拡大します。

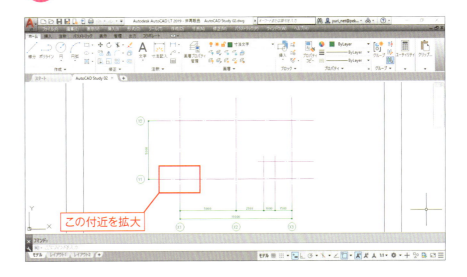

3 通り芯 **X1** をクリックして選択します。

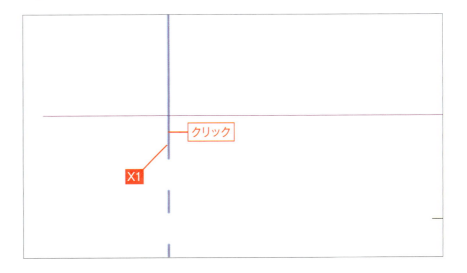

【オフセット】コマンド→ P.66

4 【オフセット】ボタン（2018 / 2017は）をクリックします。

メモ

手順5で【画層】を選択すると、作成するオブジェクトの画層を「現在画層」に変更するか、オブジェクトの画層のままにするかを選択できます。

▶▶困ったときは

右クリックしてもコンテキストメニューが表示されない
→ P.217

5 作図領域の任意の場所で右クリックし、表示されるコンテキストメニューの【画層】をクリックします。

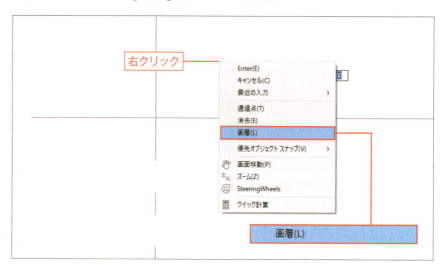

6 カーソル下に表示されるオプションメニューの【現在の画層】をクリックします。

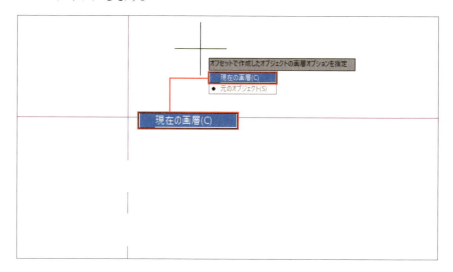

メモ

手順❼で、コマンドウィンドウに「オフセット距離を指定 または [通過点(T)/消去(E)/画層(L)] <50.0000>:」というプロンプトが表示された場合、キーボードの Enter キーを押すと、<>内の数値が選択されます。
そのため、改めてオフセット距離を指定する必要はありません。

▶▶困ったときは

クリックしてもオフセットされない→ P.218

❼ キーボードから「50」と入力し、Enter キーを押します。

❽ 通り芯 X1 より左の任意の位置をクリックします。

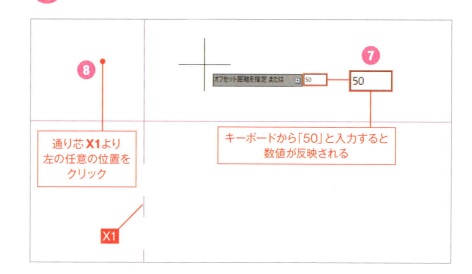

❾ 通り芯 X1 の左50の位置に壁線が作成されます。

❿ 通り芯 X1 をクリックして選択します。

⓫ 通り芯 X1 より右の任意の位置をクリックします。

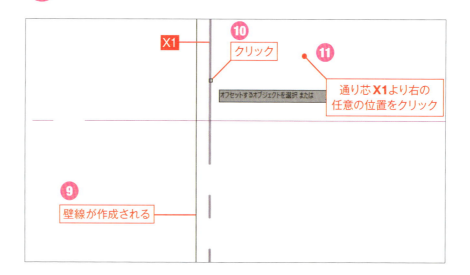

⑫ 通り芯 **X1** の右50の位置に壁線が作成されます。

⑬ 通り芯 **Y1** をクリックして選択します。

⑭ 通り芯 **Y1** より上の任意の位置をクリックします。

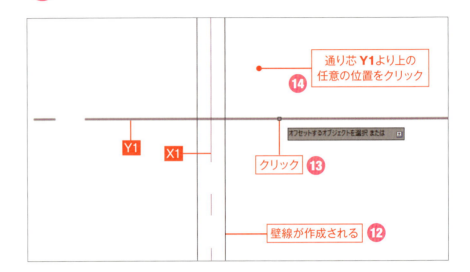

⑮ 通り芯 **Y1** の上50の位置に壁線が作成されます。

⑯ 通り芯 **Y1** をクリックして選択します。

⑰ 通り芯 **Y1** より下の任意の位置をクリックします。

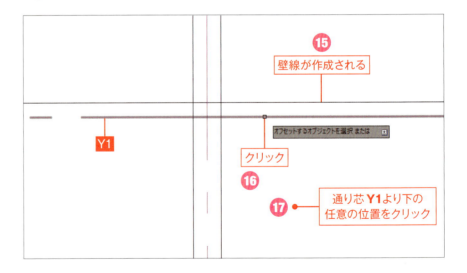

18 通り芯**Y1**の下50の位置に壁線が作成されます。
キーボードの Enter キーを押してコマンドを終了します。

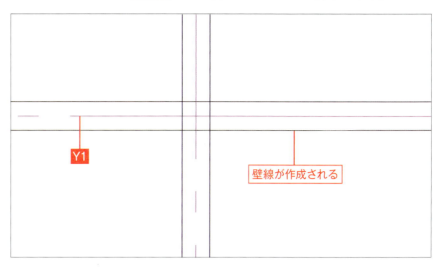

メモ
手順❺と❻で行った画層設定は、再度設定を変更するかAutoCAD LTを終了するまで維持されます。

19 手順❸～❽(ただし、❺と❻は除く)と同様に、通り芯**X3**と**Y2**の壁線を作成します。

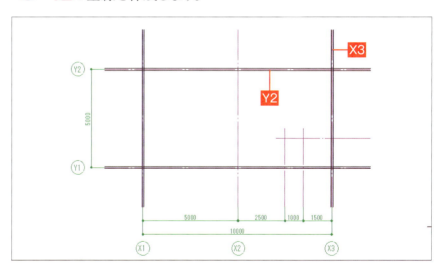

第3章 図面を作成しよう

柱をかく

前項で作成した外壁の四隅と中央部に柱をかきます。柱の寸法は500×500です。

📄 ここからはじめる
「AutoCAD Study」フォルダ→ch03-502.dwg

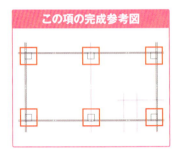

この項の完成参考図

【長方形】コマンド→ P.54

▶▶困ったときは
数値が入力できない
→ P.213

1 図の赤枠部分を拡大表示します。

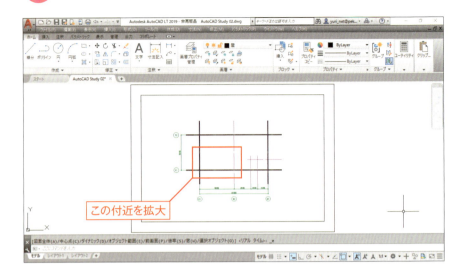

この付近を拡大

2 🔲【長方形】ボタンをクリックします。

3 通り芯**X1**の左側の壁線と、通り芯**Y1**の下側の壁線との交点をクリックします。

4 キーボードから「@500,500」と入力し、Enterキーを押します。

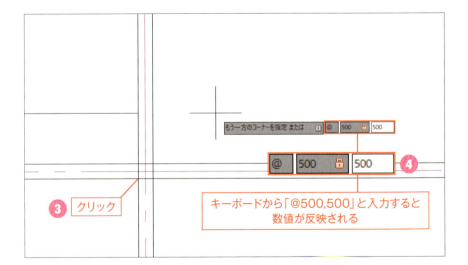

③ クリック

キーボードから「@500,500」と入力すると数値が反映される

5 図のように寸法が500×500の柱**A**が作成されます。
柱**A**をクリックして選択します。

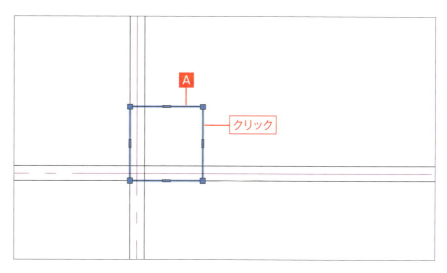

[複写] コマンド→ P.61

6 【複写】ボタンをクリックします。

7 複写の基点として、柱**A**下辺の中点をクリックします。

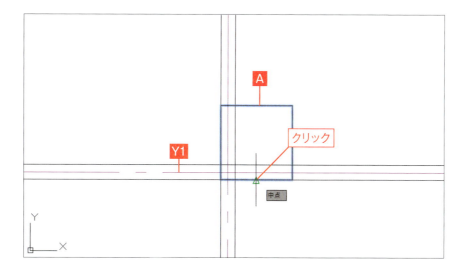

⑧ 複写の目的点として、通り芯**Y1**の下側の壁線と、通り芯**X2**との交点をクリックします。

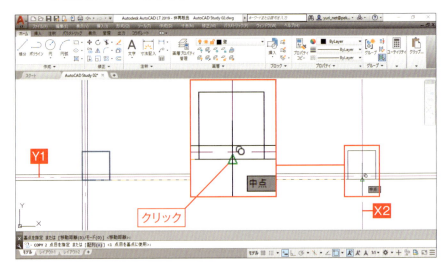

⑨ 柱が複写されます（複写された柱を**B**とします）。
キーボードの Enter キーを押してコマンドを終了します。

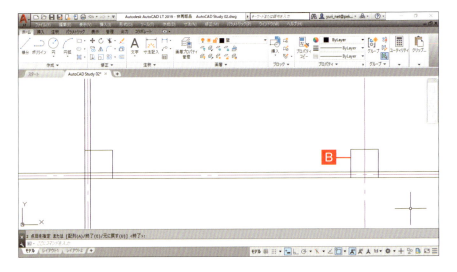

⑩ 作図領域を右に移動して、図のように柱**B**と通り芯**X3**の壁線が表示されるようにします。

⑪ 柱**B**をクリックして選択します。

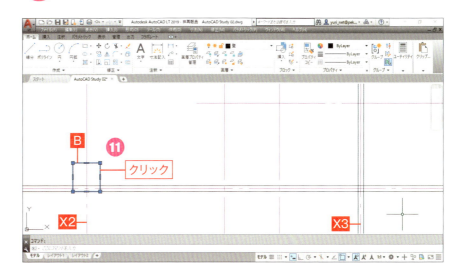

⑫ 再度、【複写】ボタンをクリックします。

⑬ 複写の基点として、柱**B**の右下の頂点（端点）をクリックします。

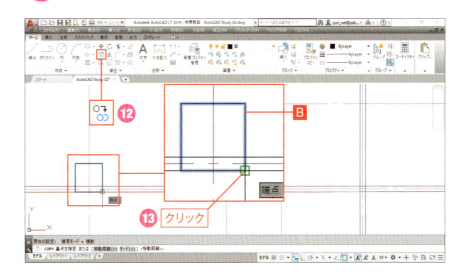

14 複写の目的点として、通り芯 **X3** の右側の壁線と、通り芯 **Y1** の下側の壁線との交点をクリックします。

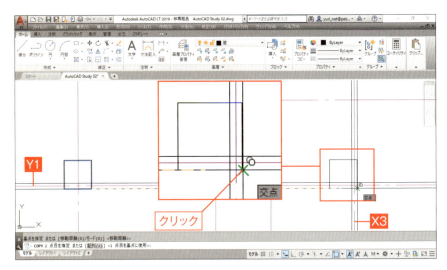

15 柱が複写されます（複写された柱を **C** とします）。
キーボードの Enter キーを押してコマンドを終了します。

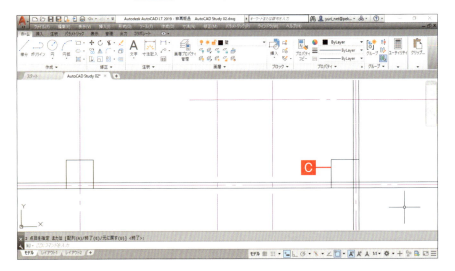

16 図のように作成した3つの柱がすべて見えるように表示を変更します。

17 柱**A**の左上の任意の位置をクリックします。

18 カーソルを右下に移動し、3つの柱が完全に選択範囲に含まれる位置でクリックします。

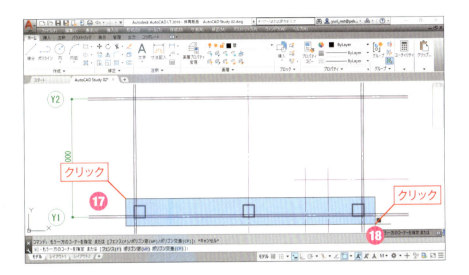

19 3つの柱がすべて選択されていることを確認し、【複写】ボタンをクリックします。

20 複写の基点として、柱**A**の左上の頂点で【端点】マーカーが表示される点をクリックします。

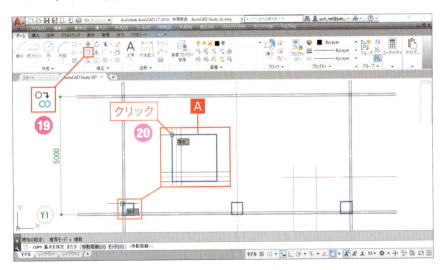

21 複写の目的点として、通り芯 **X1** の左側の壁線と、通り芯 **Y2** の上側の壁線との交点をクリックします。

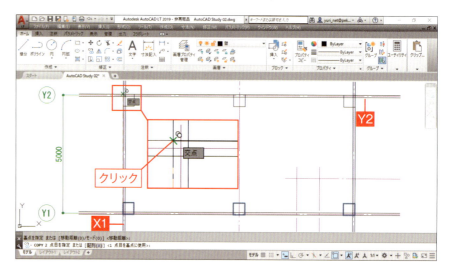

22 3つの柱がすべて複写されます。
キーボードの Enter キーを押してコマンドを終了します。

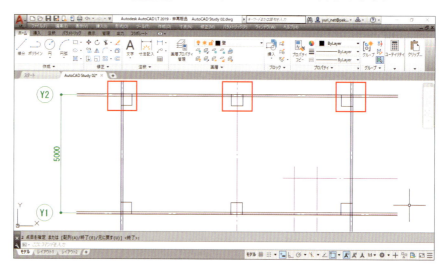

柱と壁を結合して角を作成する①

【フィレット】コマンドを使用して、四隅の柱と壁を結合して角を作成します。

📄 ここからはじめる
「AutoCAD Study」フォルダ→
ch03-503.dwg

この項の完成参考図

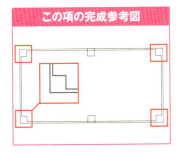

【オブジェクト範囲ズーム】
コマンド→ P.35

画層→ P.89

メモ
図形の操作や編集に必要のない画層を非表示にすることで、効率よく作業できます。

---

1 【オブジェクト範囲ズーム】コマンドなどを使用して図面全体を表示します。

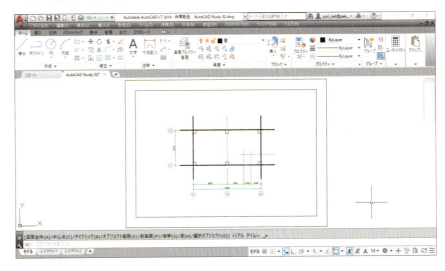

2 【画層】をクリックします。
表示されるプルダウンメニューの［壁芯］画層の💡（画層を表示）をクリックして💡（画層を非表示）に切り替えます。

3 通り芯が非表示になったのを確認し、作図領域の任意の場所をクリックしてプルダウンメニューを閉じます。

4 図のように左上の柱の左上の任意の場所をクリックします。

5 カーソルを右下に移動し、6つの柱が完全に選択範囲に含まれる位置でクリックして、6つの柱すべてを選択状態にします。

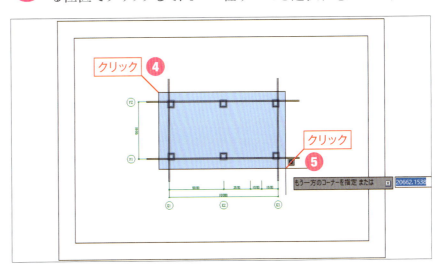

メモ

柱は、ひとつながりの線である「ポリライン」で作成されています。そのため、柱の一部分を削除するには、【分解】コマンドを使用して複数の線分に分解する必要があります。

▶▶困ったときは

図形が1つしか選択できない
→ P.210

6 【分解】ボタンをクリックします。

7 平面図左下にある柱**A**を拡大表示します。柱**A**の左辺と下辺をクリックして選択し、キーボードの Delete キーを押して削除します。

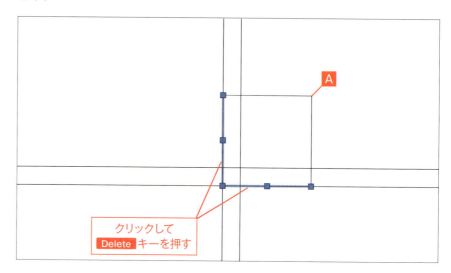

クリックして Delete キーを押す

【フィレット】コマンド→ P.85

8 【フィレット】ボタン（2018 / 2017は ）をクリックします。

▶▶困ったときは

右クリックしてもコンテキストメニューが表示されない
→ P.217

⑨ 作図領域の任意の場所で右クリックし、表示されるコンテキストメニューの【半径】をクリックします。

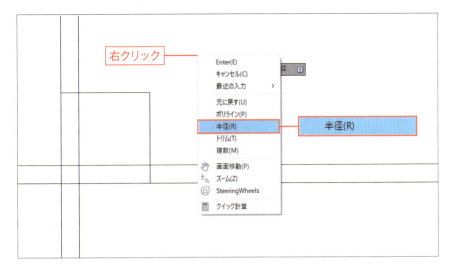

▶▶困ったときは

数値が入力できない
→ P.213

メモ

【フィレット】コマンドを使って、フィレット半径（丸み半径）を「0」と指定することで丸みのない角を作成します。

⑩ キーボードから「0」と入力し、Enter キーを押します。

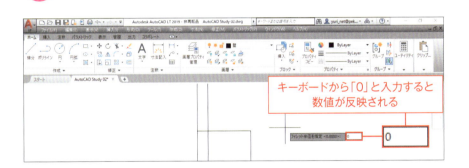

⑪ 柱 A の右辺と Y1 壁の上側の壁線をクリックします。

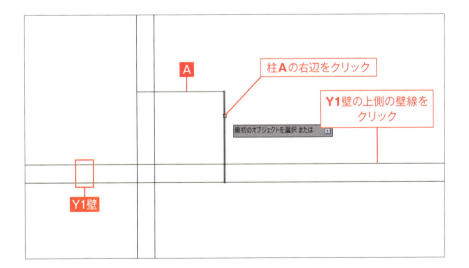

⑫ 柱**A**の右辺と**Y1**壁の上側の壁線が結合し、角が作成されます。

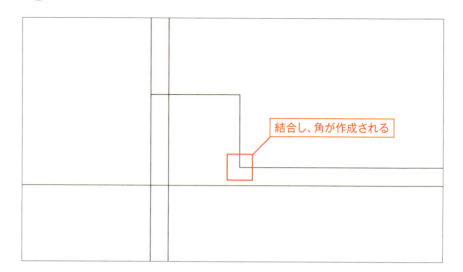

結合し、角が作成される

⑬ P.140の手順❽と同様に【フィレット】ボタン（2018／2017は ）をクリックします。

⑭ 柱**A**の上辺と**X1**壁の右側の壁線をクリックします。

> **メモ**
> 手順⑩、⑪で指定した【フィレット】コマンドの半径は、設定を変更するまで維持されるので、手順⑭で再度設定する必要はありません。

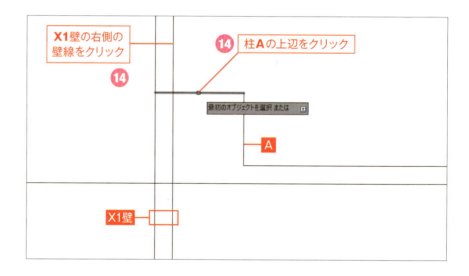

X1壁の右側の壁線をクリック
⑭
⑭ 柱**A**の上辺をクリック
A
X1壁

15 柱**A**の上辺と**X1**壁の右側の壁線が結合し、角が作成されます。

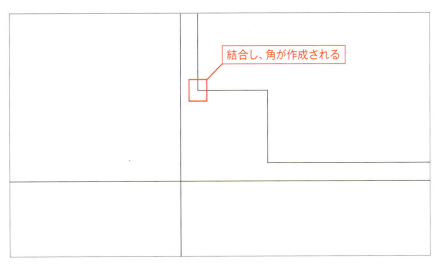

16 【フィレット】ボタン（2018 / 2017は）をクリックします。

17 **X1**壁の左側の壁線と**Y1**壁の下側の壁線をクリックします。

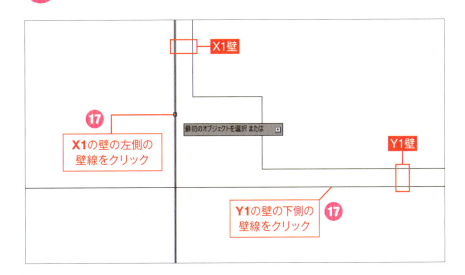

18 X1壁の左側の壁線とY1壁の下側の壁線が結合し、角が作成されます。

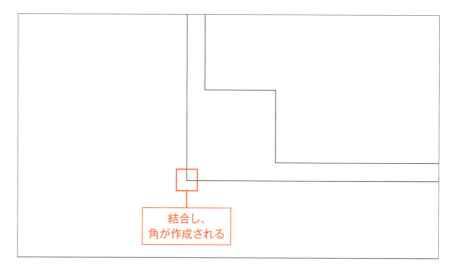

結合し、角が作成される

19 手順 7 〜 18 と同様にして、柱C、D、Fと壁を結合します。

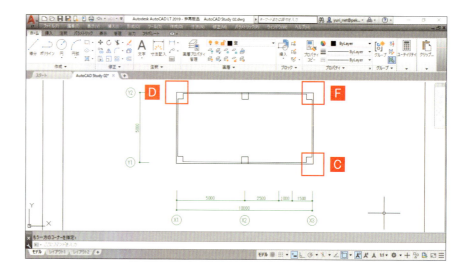

柱と壁を結合して角を作成する②

【トリム】コマンドを使用して、中央部上下の柱と壁を結合して角を作成します。

ここからはじめる
「AutoCAD Study」フォルダ→ch03-504.dwg

この項の完成参考図

1 平面図中央下部にある柱**B**付近を拡大します。

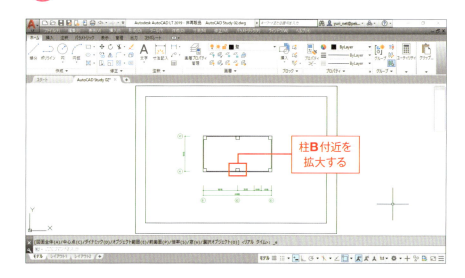

柱**B**付近を拡大する

2 柱**B**の下辺をクリックして選択し、キーボードの Delete キーを押して削除します。

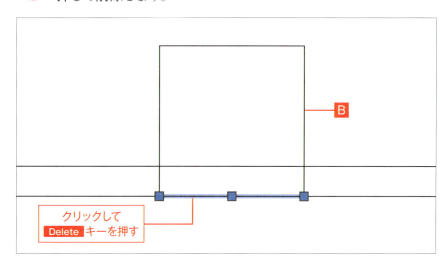

クリックして Delete キーを押す

3 柱**B**の左右の辺と**Y1**壁の上側の壁線をクリックして選択します。

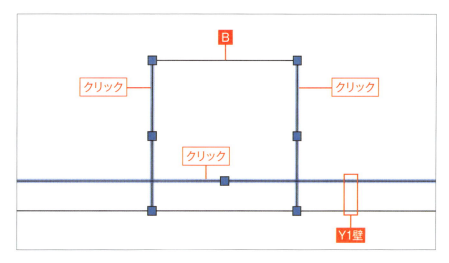

【トリム】コマンド→ P.73

4 【トリム】ボタン（2018 / 2017は ）をクリックします。

5 トリムする3カ所（●の3カ所）をクリックします。

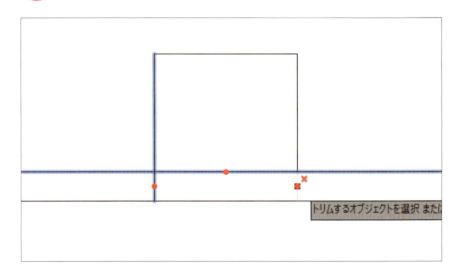

6 柱**B**の左右辺と**Y1**壁の上側の壁線が結合し、角が作成されます。
キーボードの Enter キーを押してコマンドを終了します。

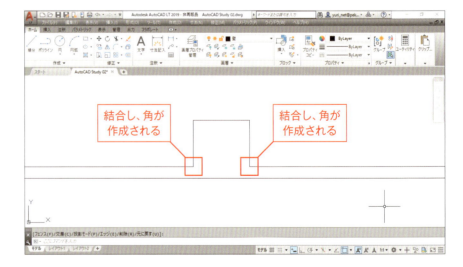

結合し、角が作成される　　結合し、角が作成される

7 手順❶〜❻と同様にして、柱**E**と**Y2**壁下側の壁線を結合します。

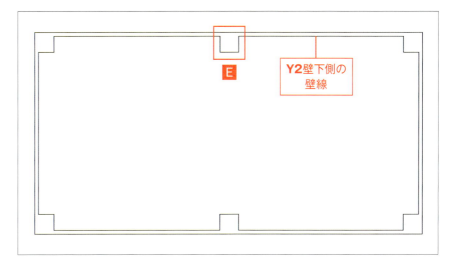

トイレと給湯室の壁をかく

【オフセット】コマンドと【フィレット】コマンド、【トリム】コマンドを使用して、トイレと給湯室の壁を作成します。

ここからはじめる
「AutoCAD Study」フォルダ→ ch03-505.dwg

この項の完成参考図

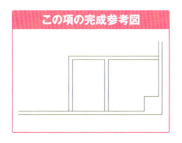

画層→ P.89

1 【画層】をクリックします。
表示されるプルダウンメニューの[壁芯]画層の💡(画層を非表示)をクリックして💡(画層を表示)に切り替えます。

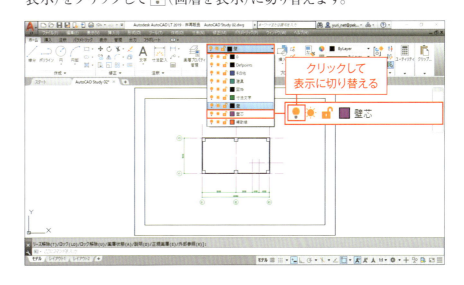

② 通り芯が表示されるのを確認し、作図領域の任意の場所をクリックしてプルダウンメニューを閉じます。

③ トイレと給湯室付近を拡大表示します。

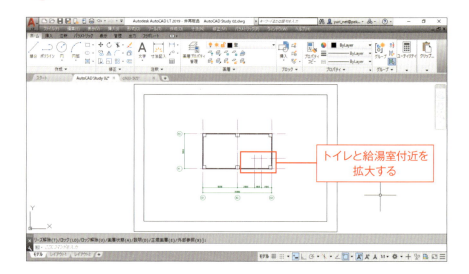

トイレと給湯室付近を拡大する

④ 通り芯**A**をクリックして選択します。

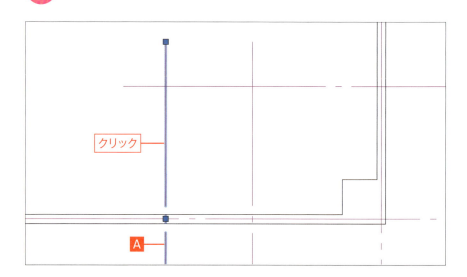

クリック

A

【オフセット】コマンド→ P.66

⑤ 　【オフセット】ボタン（2018 / 2017は　）をクリックします。

2020 / 2019

2018 / 2017

▶▶困ったときは

右クリックしてもコンテキスト
メニューが表示されない
→ P.217

6 作図領域で右クリックし、表示されるコンテキストメニューの【画層】をクリックします。

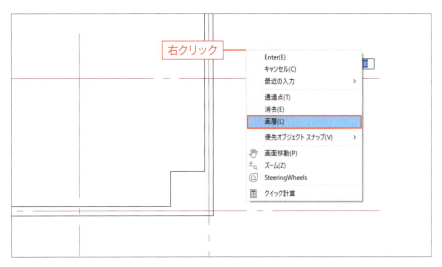

7 表示されるオプションメニューの【現在の画層】をクリックします。

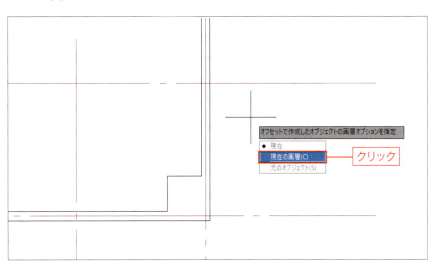

▶▶困ったときは

数値が入力できない
→ P.213

⑧ キーボードから「50」と入力し、Enter キーを押します。

⑨ 通り芯**A**より左の任意の位置をクリックします。

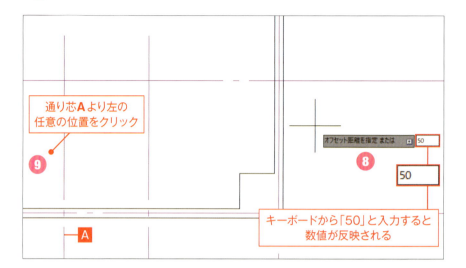

▶▶困ったときは

クリックしてもオフセットされない→ P.218

⑩ 通り芯**A**の左の壁線が作成されます。

⑪ 続けて、通り芯**A**をクリックして選択します。

⑫ 通り芯**A**より右の任意の位置をクリックします。

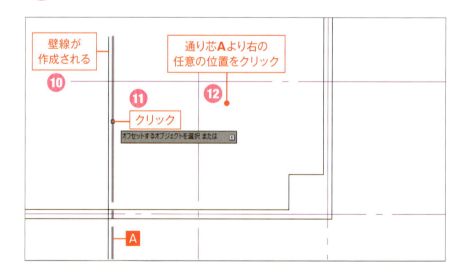

13 通り芯**A**の右の壁線が作成されます。

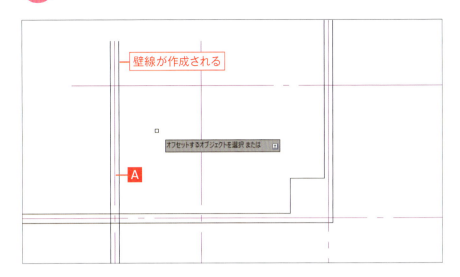

14 手順❹〜⓬と同様にして、通り芯**B**、**C**をそれぞれオフセットして壁線をかきます。
キーボードの Enter キーを押してコマンドを終了します。

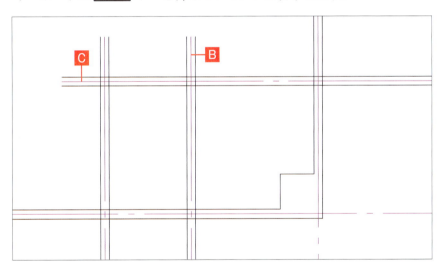

15 【画層】をクリックします。
表示されるプルダウンメニューの[壁芯]画層の💡(画層を表示)をクリックして💡(画層を非表示)に切り替えます。

【フィレット】コマンド→ P.85

16 通り芯が非表示になったのを確認し、作図領域の任意の場所をクリックしてプルダウンメニューを閉じます。

17 【フィレット】ボタン（2018 / 2017は ）をクリックします。

18 A壁の左側の壁線とC壁の上側の壁線をクリックします。

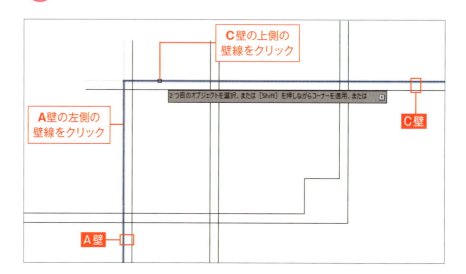

19 A壁の左側の壁線とC壁の上側の壁線が結合し、角が作成されます。

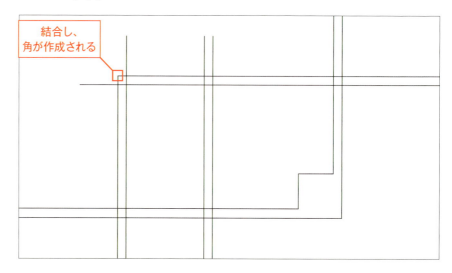

20 再度、【フィレット】ボタン（2018 / 2017は）をクリックします。

21 **A**壁の右側の壁線と**C**壁の下側の壁線をクリックします。

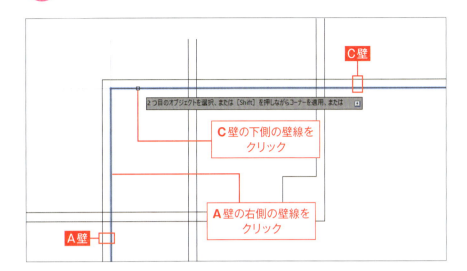

22 **A**壁の右側の壁線と**C**壁の下側の壁線が結合し、角が作成されます。

23 **B**壁の左右の壁線と**C**壁の下側の壁線をクリックして選択します。

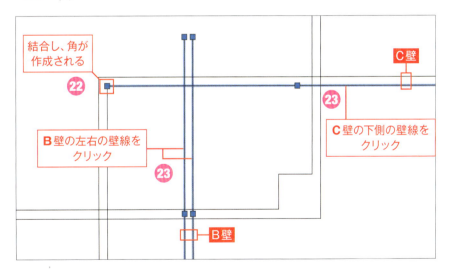

【トリム】コマンド→ P.73

24 【トリム】ボタン（2018 / 2017は）をクリックします。

25 図のように3カ所(●の個所)をクリックします。

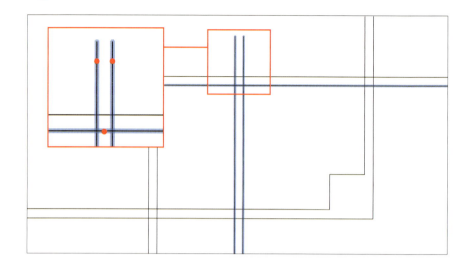

26 クリックした3カ所がトリムされます。
キーボードの Enter キーを押してコマンドを終了します。

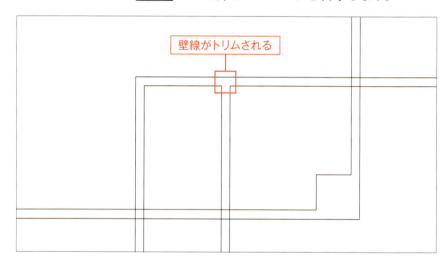

27 Y1壁の上側の壁線とX3壁の左側の壁線をクリックして選択します。

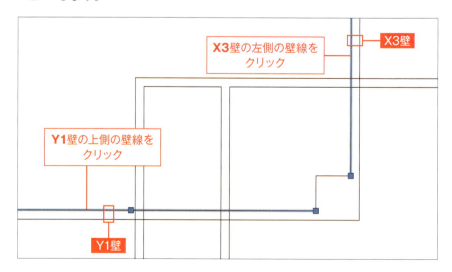

28 再度、【トリム】ボタン（2018／2017は ）をクリックします。

29 図のように6カ所（●の個所）をクリックします。

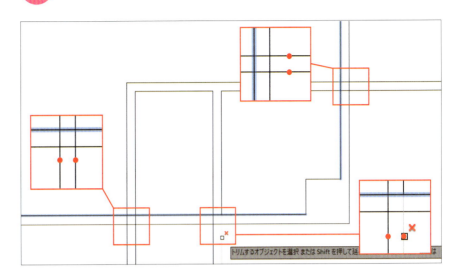

30 クリックした6カ所がトリムされます。
キーボードの Enter キーを押してコマンドを終了します。

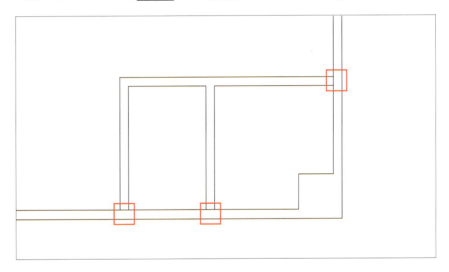

3.6 開口部を作成する

この節のポイント 画層／画層設定の切り替え・【オフセット】【トリム】【延長】コマンドの使い方

通り芯X1の壁の開口部を作成する

通り芯**X1**の壁に開口部を作成します。
補助線をかき、【トリム】コマンドで壁を削除します。

ここからはじめる
「AutoCAD Study」フォルダー→
ch03-601.dwg

この項の完成参考図

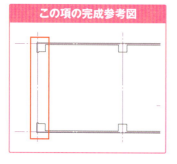

画層→ P.89

▶▶困ったときは

画層が変更できない
→ P.214

① **3.5** の手順 ㉚ から続けます。【オブジェクト範囲ズーム】コマンドなどで図面全体を表示します。

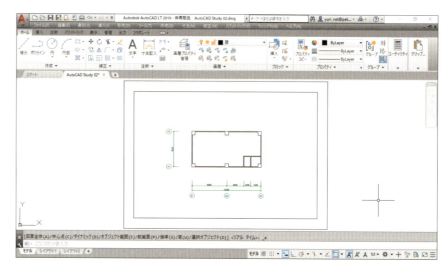

② 【画層】をクリックします。
表示されるプルダウンメニューの［壁芯］画層の 💡(画層を非表示)をクリックして 💡(画層を表示)に切り替えます。

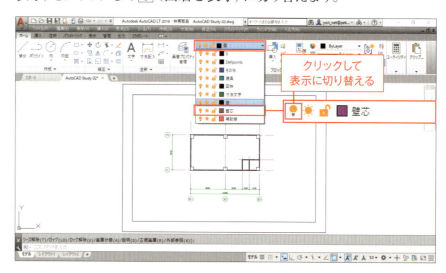

クリックして
表示に切り替える

③ 壁芯(通り芯)が表示されるのを確認し、作図領域の任意の場所をクリックしてプルダウンメニューを閉じます。

4 図を参考に、通り芯 **X1** の壁を拡大表示します。

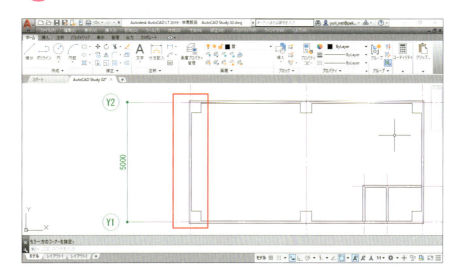

5 【画層】をクリックします。
表示されるプルダウンメニューの【補助線】をクリックします。

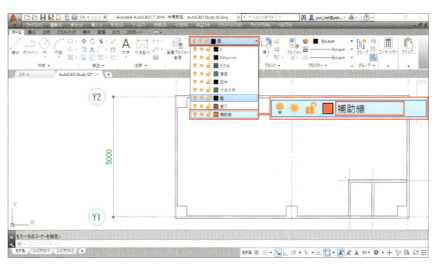

6 通り芯 **Y1** をクリックして選択します。

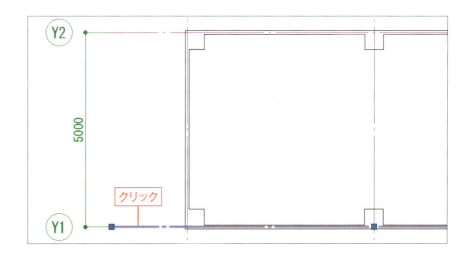

【オフセット】コマンド→ P.66

7 ⊏【オフセット】ボタン（2018 / 2017は⊐）をクリックします。

8 キーボードから「500」と入力し、Enter キーを押します。

9 通り芯 **Y1** より上の任意の位置をクリックします。

▶▶困ったときは

数値が入力できない
→ P.213

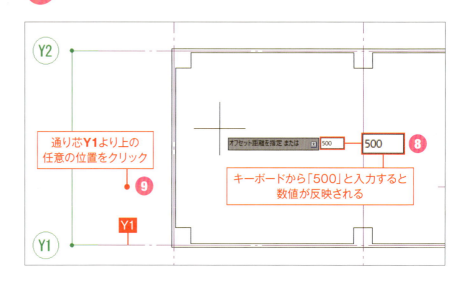

▶▶困ったときは

クリックしてもオフセットされない → P.218

注意

補助線**ア**が［補助線］画層で作成されない場合、P.149の手順❻〜❼を参考に、【オフセット】コマンド選択後に作図領域で右クリックし、表示されるコンテキストメニューの【画層】をクリックします。カーソル横に表示されるオプションメニューで【現在の画層】をクリックしてください。

❿ 通り芯**Y1**の上500の位置に補助線**ア**が作成されます。

⓫ 通り芯**Y2**をクリックして選択します。

⓬ 通り芯**Y2**より下の任意の位置をクリックします。

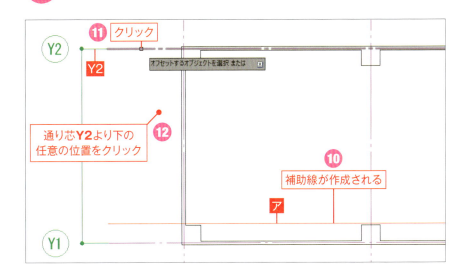

▶▶困ったときは

図形が1つしか選択できない → P.210

⓭ 通り芯**Y2**の下500の位置に補助線**イ**が作成されます。キーボードの Enter キーを押してコマンドを終了します。

⓮ 補助線**ア**、**イ**をクリックして選択します。

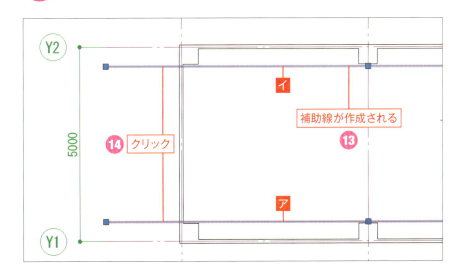

【トリム】コマンド→ P.73

⑮ 【トリム】ボタン（2018 / 2017は ）をクリックします。

⑯ 通り芯 **X1** の左右の壁線（●の個所）をクリックします。

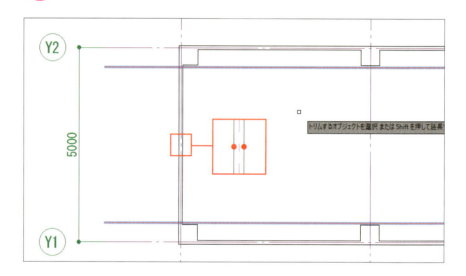

⑰ 通り芯 **X1** の左右の壁線がトリム（削除）されます。
キーボードの Enter キーを押してコマンドを終了します。

⑱ 補助線 **ア**、**イ** をクリックして選択し、キーボードの Delete キーを押して削除します。

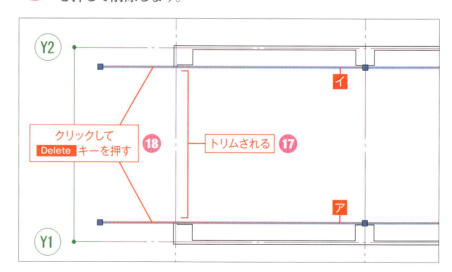

19 【画層】をクリックします。
表示されるプルダウンメニューの【壁】をクリックします。

20 ◢【線分】ボタンをクリックします。

21 柱**A**下部の左右壁線の端点(●の個所)をクリックして線分をかきます。キーボードの Enter キーを押してコマンドを終了します。

22 同様に、柱**B**上部の左右壁線の端点(●の個所)をクリックして線分をかきます。

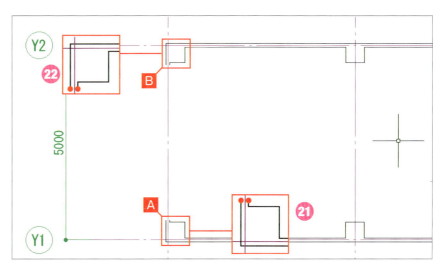

23 これで通り芯**X1**の壁の開口部が完成です。

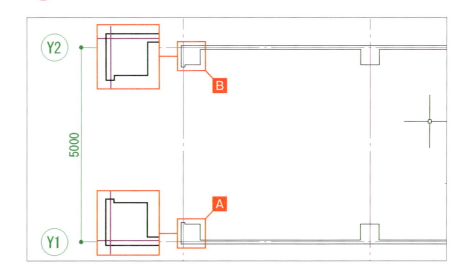

トイレと給湯室の開口部を作成する

トイレと給湯室の壁に開口部を作成します。前項と同様に、補助線をかき、【トリム】コマンドで壁を削除します。

📄 ここからはじめる

「AutoCAD Study」フォルダ→
ch03-602.dwg

画層→ P.89

この項の完成参考図

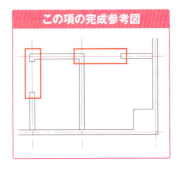

▶▶ **困ったときは**

画層が変更できない
→ P.214

---

1 図のようにトイレ、給湯室付近を拡大表示します。

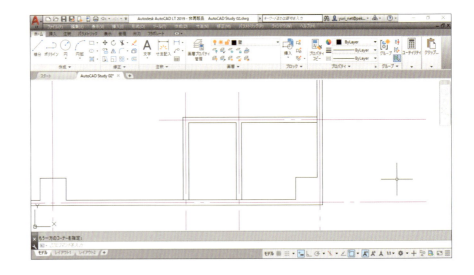

2 【画層】をクリックします。
表示されるプルダウンメニューの【補助線】をクリックします。

3 通り芯Aをクリックして選択します。

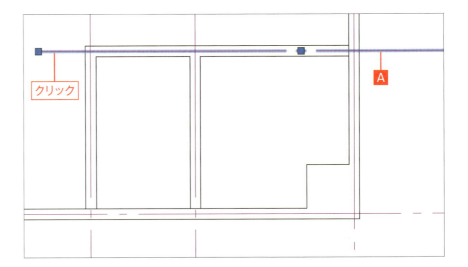

【オフセット】コマンド→ P.66

4 ⊆【オフセット】ボタン（2018 / 2017は ）をクリックします。

5 キーボードから「100」と入力し、Enter キーを押します。

6 通り芯**A**より下の任意の位置をクリックします。

▶▶困ったときは

数値が入力できない
→ P.213

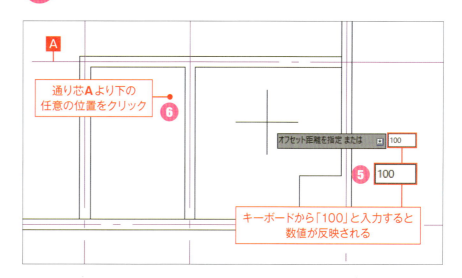

通り芯**A**より下の任意の位置をクリック

キーボードから「100」と入力すると数値が反映される

注意
補助線**ア**が［補助線］画層で作成されない場合、P.149の手順❻〜❼を参考に、【オフセット】コマンド選択後に作図領域で右クリックし、表示されるコンテキストメニューの【画層】をクリックします。カーソル横に表示されるオプションメニューで【現在の画層】をクリックしてください。

7 通り芯**A**の下100の位置に補助線**ア**が作成されます。
キーボードの Enter キーを押してコマンドを終了します。

8 補助線**ア**をクリックして選択します。

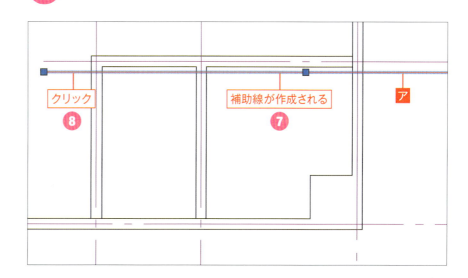

クリック　　補助線が作成される

9 再度、【オフセット】ボタン（2018 / 2017は）をクリックします。

10 キーボードから「600」と入力し、Enterキーを押します。

11 補助線アより下の任意の位置をクリックします。

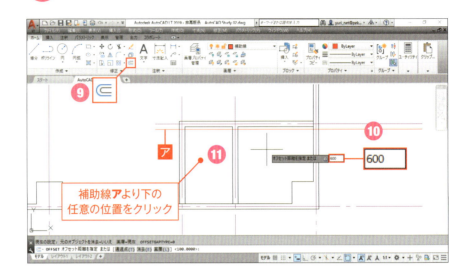

12 補助線アの下600の位置に補助線イが作成されます。
キーボードのEnterキーを押してコマンドを終了します。

13 補助線ア、イをクリックして選択します。

▶▶困ったときは

図形が1つしか選択できない
→ P.210

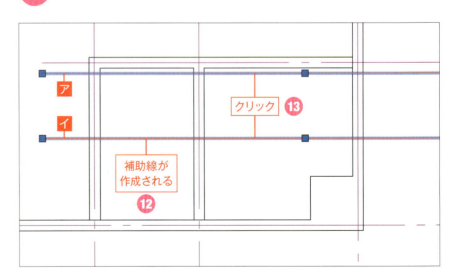

【トリム】コマンド→ P.73

⑭ ✂【トリム】ボタン（2018 / 2017は ⁃/⁃）をクリックします。

⑮ 通り芯 B の左右の壁線（●の個所）をクリックします。

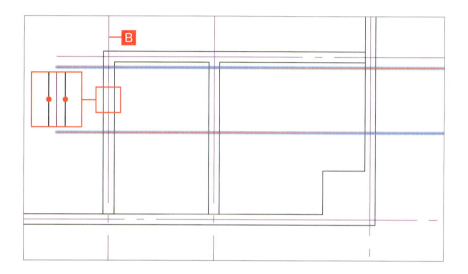

⑯ 通り芯 B の左右の壁線がトリム（削除）されます。
キーボードの Enter キーを押してコマンドを終了します。

⑰ 補助線 ア、イ をクリックして選択し、キーボードの Delete キーを押して削除します。

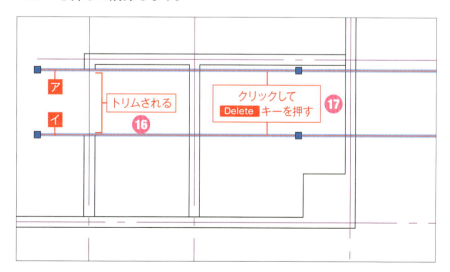

注意
手順⑱で壁の開口部に線分をかく際は、P.161の手順⑲と同様に、必ず画層を[壁]画層に切り替えてください。

⑱ P.161の手順⑲〜㉑と同様に、通り芯**B**の左右の壁の開口部分に線分をかきます。
これでトイレの開口部が完成します。

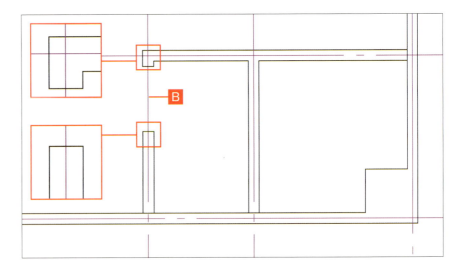

⑲ 通り芯**A**の上側の壁線をクリックして選択します。

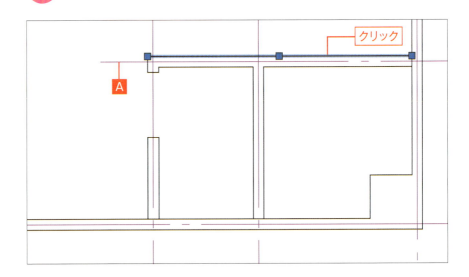

【延長】コマンド→ P.77

注意
【延長】ボタンは、【トリム】ボタン右にある▼ボタンをクリックしてボタンを展開すると表示されます。

⑳ →【延長】ボタン（2018 / 2017は ）をクリックします。

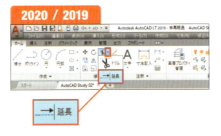

21 通り芯**C**の右側の壁線をクリックします。

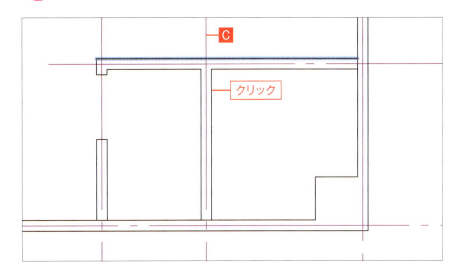

22 通り芯**C**の右の壁線が上の壁線まで延長されます。
キーボードの Enter キーを押してコマンドを終了します。

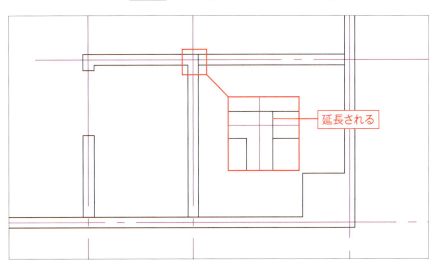

23 【画層】をクリックします。
表示されるプルダウンメニューの【補助線】をクリックします。

24 通り芯**C**をクリックして選択します。

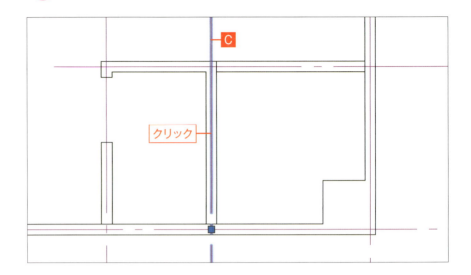

【オフセット】コマンド→ P.66

25 ⊂【オフセット】ボタン（2018 / 2017は⊆）をクリックします。

26 キーボードから「800」と入力し、Enter キーを押します。

27 通り芯**C**より右の任意の位置をクリックします。

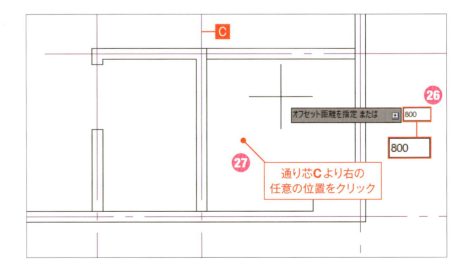

㉘ 通り芯**C**の右800の位置に補助線**ウ**が作成されます。キーボードの Enter キーを押してコマンドを終了します。

㉙ 通り芯**C**の右側の壁線と補助線**ウ**をクリックして選択します。

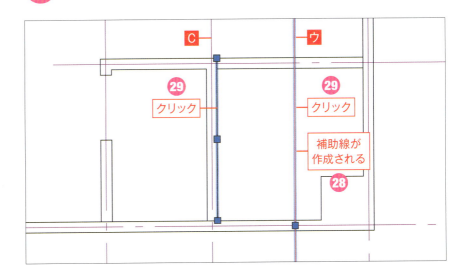

【トリム】コマンド→ P.73

> **注意**
> P.166の手順⑳で【延長】ボタンを選択しているため、【延長】ボタン右にある▼ボタンをクリックしてボタンを展開して【トリム】ボタンをクリックします。

㉚ 【トリム】ボタン（2018 / 2017は ）をクリックします。

㉛ 通り芯**A**の上下の壁線（●の個所）をクリックします。

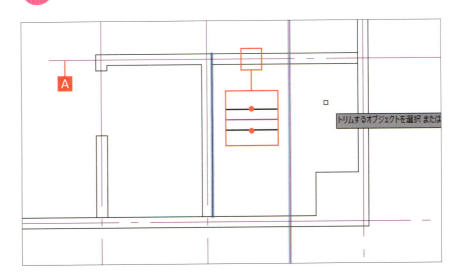

㉜ 通り芯**A**の上下の壁線がトリムされます。
キーボードの Enter キーを押してコマンドを終了します。

㉝ 補助線**ウ**をクリックして選択し、キーボードの Delete キーを押して削除します。

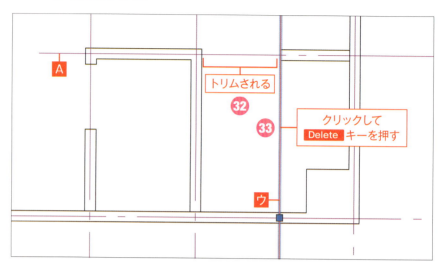

㉞ P.161の手順⑲〜㉑と同様に、通り芯**A**の上下の壁の開口部分に線分をかきます。
これで給湯室の開口部が完成します。

> **注意**
> 手順㉞で壁の開口部に線分をかく際は、P.161の手順⑲と同様に、必ず画層を[壁]画層に切り替えてください。

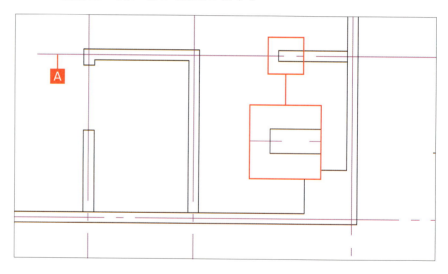

3.7 建具と設備を配置する

この節のポイント 【ブロック挿入】コマンドの使い方

窓とドアを配置する

前節 3.6 で作成した開口部に、窓とドアの「ブロック」を【ブロック挿入】コマンドを使って配置します。

ここからはじめる

「AutoCAD Study」フォルダ→ch03-701.dwg

この項の完成参考図

画層→ P.89

▶▶困ったときは

画層が変更できない → P.214

メモ

ここで使用する建具と設備の「ブロック」は、練習用ファイル「AutoCAD Study 02.dwg」に登録されているブロックです。
建具と設備のブロックには、【キッチン】【ドア】【トイレ】【窓】【両開きドア】の5つがあります。

---

1 3.6 の手順 34 から続けます。【画層】をクリックし、表示されるプルダウンメニューの【建具】をクリックします。

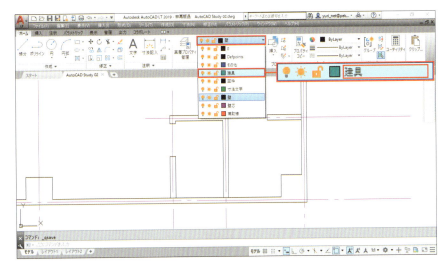

2 図のように通り芯 **X1** 付近を表示します。

3 【挿入】タブをクリックし、表示される【ブロック】パネルの【ブロック挿入】ボタンをクリックします。

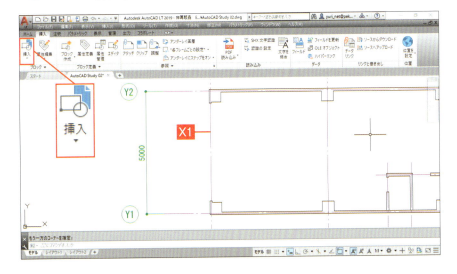

④ ブロックのリストが表示されるので、【窓】をクリックします。

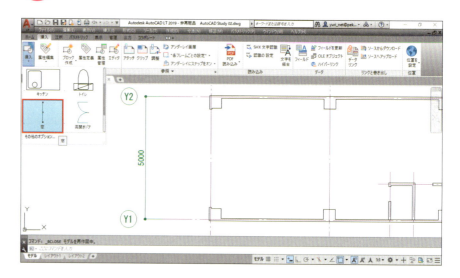

⑤ 【ブロック挿入】コマンドが実行され、カーソルに【窓】ブロックが表示されます。

⑥ 上の柱の左下の端点（●の個所）をクリックします。

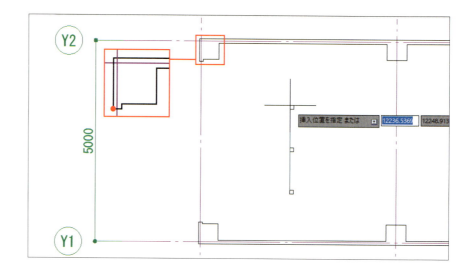

7 窓のブロックが配置されます。

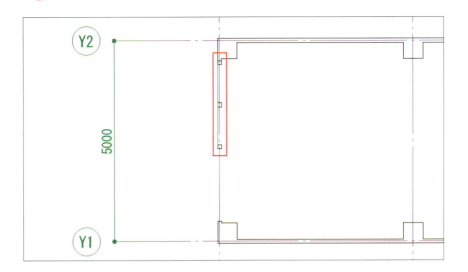

8 手順 **3**〜**7** と同様にして「両開きドア」ブロックを下の柱に配置します。配置の際は、下の柱の左上の端点（●の個所）をクリックします。

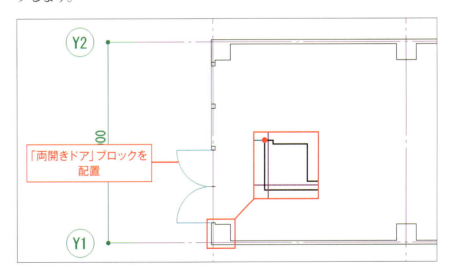

⑨ 図のようにトイレ・給湯室付近を表示します。

⑩ 手順❸〜❼と同様にして「ドア」ブロックをトイレに配置します。配置の際は、トイレの上側の壁の左下端点（●の個所）をクリックします。

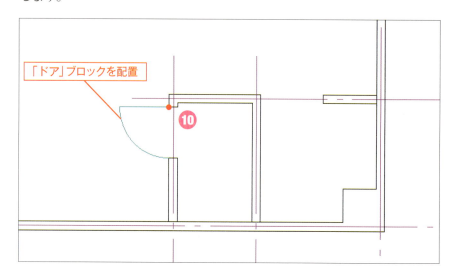

トイレとキッチンを配置する

前項と同様に、トイレとキッチンのブロックを【ブロック挿入】コマンドを使って配置します。

ここからはじめる

「AutoCAD Study」フォルダ→
ch03-702.dwg

この項の完成参考図

❶ 【画層】をクリックし、表示されるプルダウンメニューの【その他】をクリックします。

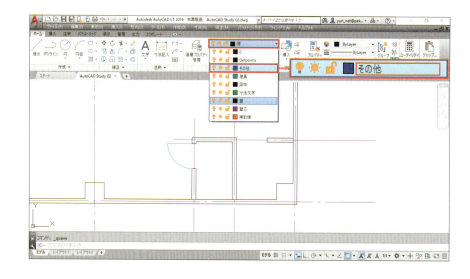

画層→ P.89

▶▶困ったときは

画層が変更できない
→ P.214

メモ

ここで使用する建具と設備の「ブロック」は、練習用ファイル「AutoCAD Study 02 .dwg」に登録されているブロックです。
建具と設備のブロックは、【キッチン】【ドア】【トイレ】【窓】【両開きドア】の5つが登録されています。

2 図のようにトイレ・給湯室付近を表示します。

3 【挿入】タブをクリックし、表示される【ブロック】パネルの【ブロック挿入】ボタンをクリックします。

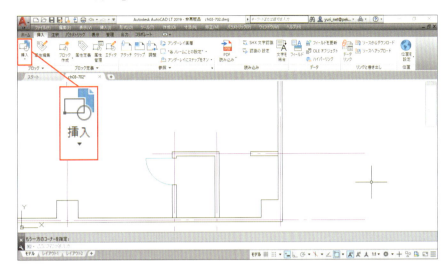

4 ブロックのリストが表示されるので、【トイレ】をクリックします。

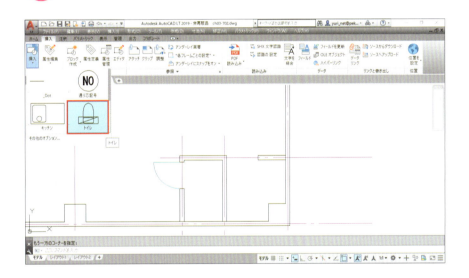

5 【ブロック挿入】コマンドが実行され、カーソルに【トイレ】ブロックが表示されます。

メモ

トイレの挿入点(基点)を、トイレ内側壁下側の壁線の中点にするため、【2点間中点】のオブジェクトスナップを使用します。
【2点間中点】のオブジェクトスナップは、ブロック挿入時に作図領域の任意の場所を Shift キーを押しながら右クリックし、表示されるコンテキストメニューから選択します。

❻ キーボードの Shift キーを押しながら、作図領域の任意の位置を右クリックします。

❼ 表示されるコンテキストメニューの【2点間中点】をクリックします。

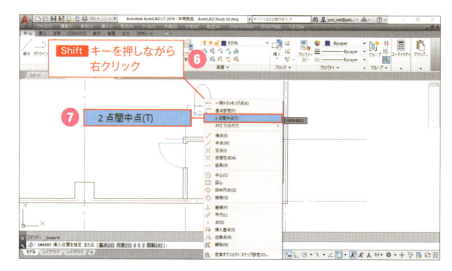

❽ トイレ内側壁下側の左右の交点(●の個所)をクリックします。

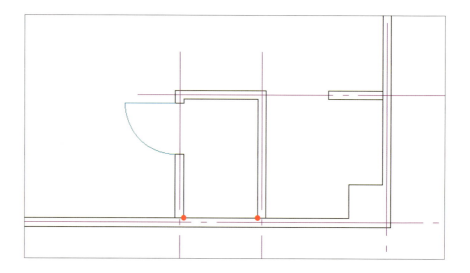

9 トイレのブロックが配置されます。

10 手順❸〜❺と同様にして、キッチンのブロックを配置します。配置の際は、給湯室上部壁の右下の端点(●の個所)をクリックします。

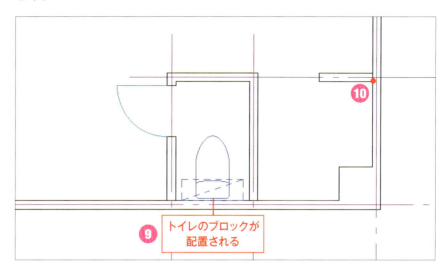

❾ トイレのブロックが配置される

11 配置したキッチンのブロックをクリックして選択します。

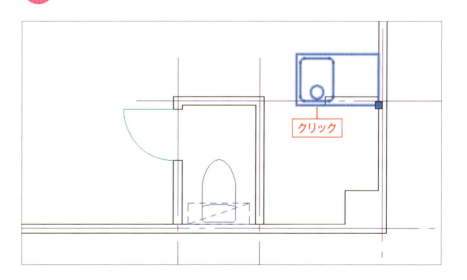

クリック

12 🗘【回転】ボタンをクリックします。

177

⑬ キッチンのブロックの右下の頂点(●の個所)をクリックします。

⑭ キーボードから「90」と入力し、Enter キーを押します。

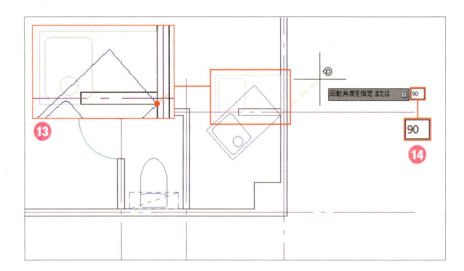

⑮ キッチンのブロックが反時計回りに90度回転されます。

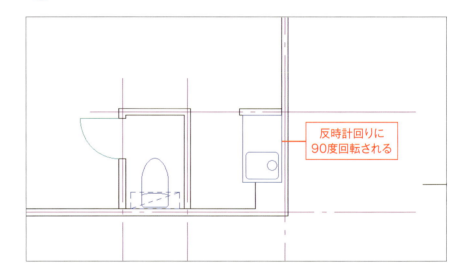

反時計回りに90度回転される

3.8 部屋名をかく

この節のポイント 【文字記入】コマンドの使い方

【文字記入】コマンドで部屋名をかく

補助線を作成し、これを利用して部屋の中央に【文字記入】コマンドで部屋名をかきます。

📄 **ここからはじめる**
「AutoCAD Study」フォルダー→
ch03-801.dwg

この項の完成参考図

画層→ **P.89**

▶▶ **困ったときは**

画層が変更できない
→ P.214

1 3.7 の手順⑮から続けます。【画層】をクリックし、表示されるプルダウンメニューの【補助線】をクリックします。

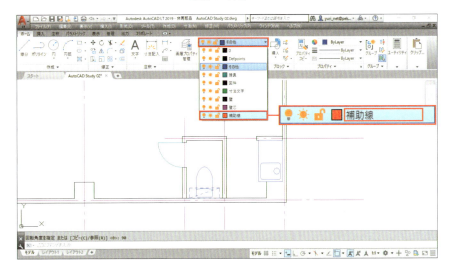

2 図のように間取り全体が見えるように表示します。

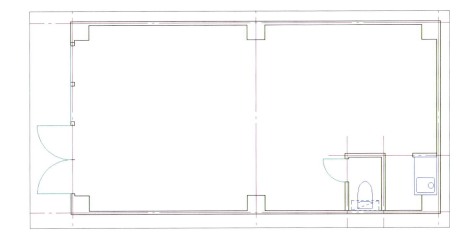

3 【線分】ボタンをクリックします。

4 図のように3本の補助線を作成します。

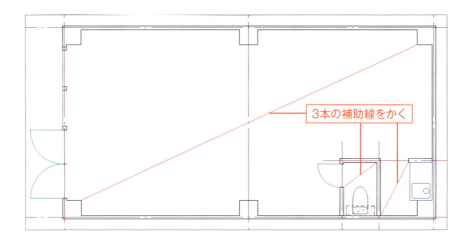

5 【画層】をクリックし、表示されるプルダウンメニューの【寸法文字】をクリックします。

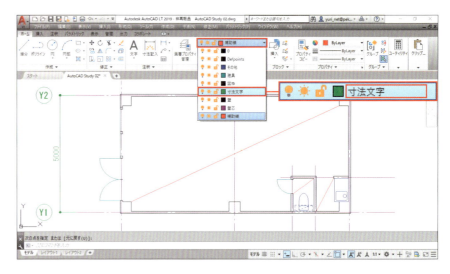

6 【文字】ボタンの下部分をクリックし、A【文字記入】ボタンをクリックします。

メモ
【文字記入】コマンドでは、
① 文字の挿入点
② 文字の大きさ
③ 文字の角度(水平の場合は「0」度)
をそれぞれ指定できます。

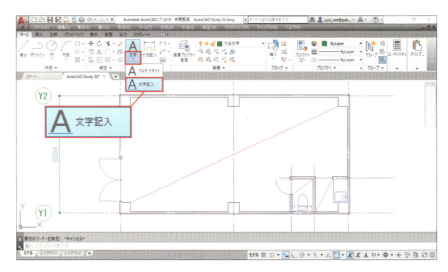

> **メモ**
>
> 【位置合わせオプション】を使用すると、文字の挿入点（図の赤い点部分）を変更できます。文字の挿入点の既定値は、左寄せ(L)に設定されています。
>
> 文字挿入点左寄せ(L)
>
> .店 舗
>
> 文字挿入点中央(M)
>
> 店・舗

7 作図領域の任意の位置で右クリックし、表示されるコンテキストメニューの【位置合わせオプション】をクリックします。

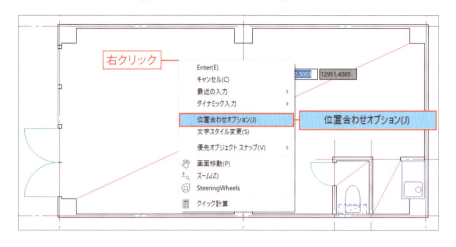

8 表示されるオプションメニューの【中央(M)】をクリックします。

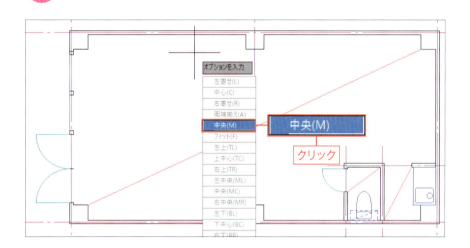

9 最も長い補助線の中点をクリックします。

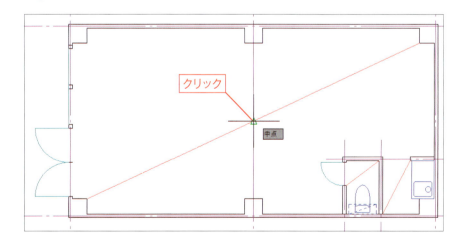

> **メモ**
>
> 手順⑩ではEnterキーを2回押します。1回目ではキーボードから入力した「300」が反映されます。その後、コマンドウィンドウに「文字列の角度を指定<0>:」と表示されます。2回目にEnterキーを押すと、コマンドウィンドウに表示されている文字列の角度「0」が反映されます。
> 文字列の角度を変更する場合は、コマンドウィンドウに「文字列の角度を指定」と表示されたときに、キーボードから角度の数値を入力し、Enterキーを押します。

⑩ キーボードから「300」と入力し、Enterキーを2回押します。
これで、文字の大きさが「300」に、文字の傾き角度が「0」に設定されます。

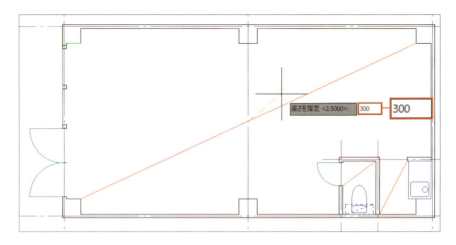

⑪ キーボードから「店舗」と入力します。

⑫ 「店舗」という部屋名が作成されます。
キーボードのEnterキー押し、改行します。もう一度Enterキーを押してコマンドを終了します。

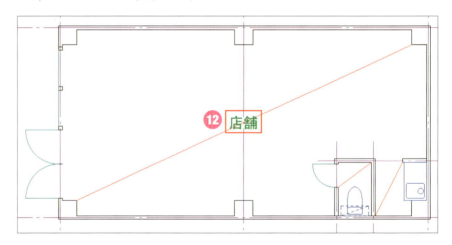

メモ

手順⑬で、【文字記入】ボタンをクリックし、「文字列の中央点を指定」と表示された場合は、「位置合わせオプション」を省略することができます。一度設定した「位置合わせオプション」は、図面を閉じるまで継続されます。

▶▶困ったときは

図形が1つしか選択できない
→ P.210

⑬ 手順⑥〜⑫と同様にして、トイレに「WC」、給湯室に「給湯」と部屋名をかきます。

⑭ 3本の補助線をクリックし、キーボードの Delete キーを押して削除します。

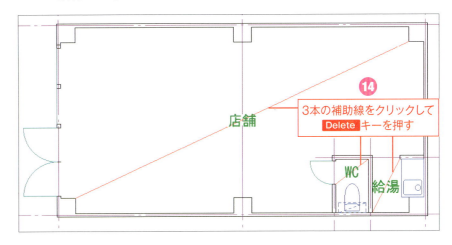

3本の補助線をクリックして Delete キーを押す

【オブジェクト範囲ズーム】
コマンド→ P.35

⑮ 【オブジェクト範囲ズーム】コマンドなどで図面全体を表示します。

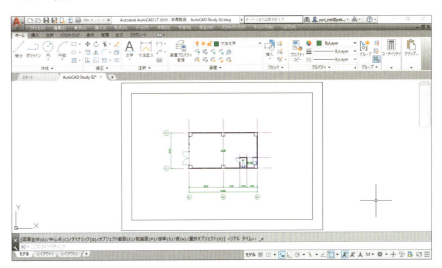

メモ

上書き保存ではなく、ファイル名を変更して保存する場合は、【ファイル】メニューの【名前を付けて保存】をクリックします（P.205参照）。

⑯ 【上書き保存】ボタンをクリックします。
これで平面図が完成です。

3.9 印刷する

この節のポイント 印刷設定の方法

A4サイズ用紙に1/100の縮尺で印刷する

完成した図面をA4サイズの用紙に1/100の縮尺で印刷します。

ここからはじめる

「AutoCAD Study」フォルダ→ch03-901.dwg

> **メモ**
> ここでは、【プリンタ/プロッタ】に【DWG To PDF.pc3】を選択し、PDFに保存する方法を選択しています。また、【用紙サイズ】は【プリンタ/プロッタ】によってリストが異なります。ここでは、【ISOフルブリードA4 (297.00x 210.00ミリ)】を選択し、余白が0のA4横サイズを選択しています。

> **メモ**
> 手順5の【図面の方向】が表示されていない場合は、右下のボタンをクリックし、【印刷】ダイアログを拡張する必要があります。
>
>

1 3.8 の手順⑯から続けます。
【印刷】ボタンをクリックします。

2 【印刷-モデル】ダイアログボックスが表示されます。
【プリンタ/プロッタ】の【名前】をクリックし、表示されるプルダウンメニューの使用するプリンタをクリックします。

3 【用紙サイズ】をクリックし、表示されるプルダウンメニューの【A4】をクリックします。

4 【印刷領域】の【印刷対象】をクリックし、表示されるプルダウンメニューの【オブジェクト範囲】をクリックします。

5 【図面の方向】の【横】をクリックします。

6 【印刷オフセット】の【印刷の中心】にチェックを入れます。

7 【印刷尺度】の【用紙にフィット】のチェックを外します。

8 【尺度】をクリックし、表示されるプルダウンメニューの【1:100】をクリックします。

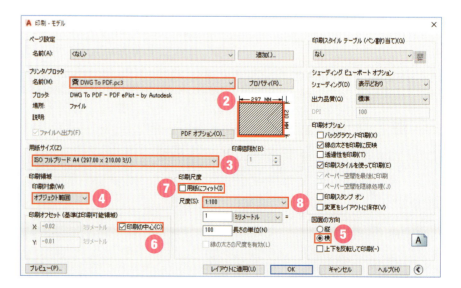

> **メモ**
> 手順 ❾ で選択した【monochrome.ctb】は、AutoCAD標準の印刷スタイルで、図面がモノクロ印刷されます。カラーで印刷する場合は、手順 ❾ で【acadlt.ctb】(AutoCADの場合は【acad.ctb】)をクリックします。

❾ 【印刷スタイルテーブル】をクリックし、表示されるプルダウンメニューの【monochrome.ctb】をクリックします。

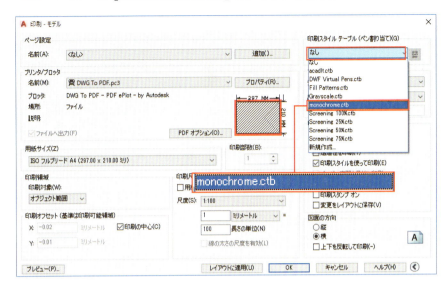

❿ 【質問】ダイアログボックスが表示されるので、【はい】ボタンをクリックしてダイアログボックスを閉じます。

⓫ 【プレビュー】ボタンをクリックします。

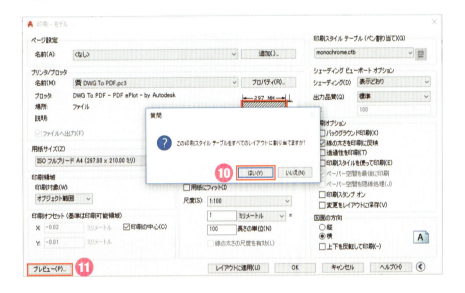

⑫ 【印刷－印刷尺度の確認】ダイアログボックスが表示される場合は【継続】ボタンをクリックします。

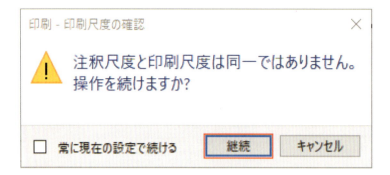

⑬ 印刷プレビュー画面が表示されます。

⑭ 【印刷】ボタンをクリックすると印刷が開始されます。

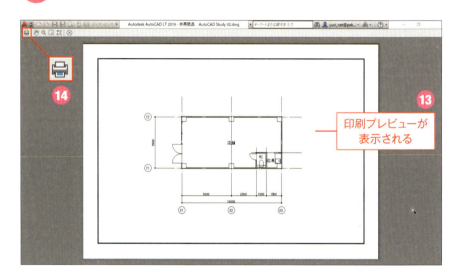

印刷プレビューが表示される

第4章

テンプレートを作成しよう

この章では、今後の図面作成をより効率的に行えるように、
テンプレートの作成方法を解説します。
なお、ここで作成するテンプレートは、
本書で使用している練習用ファイルと同じ設定です。

図面などを作成するための基となるひな形を「テンプレート」と呼びます。
テンプレートには、図面で使用する文字や寸法のスタイル、線種などが設定されており、図面作成の際にテンプレートを使用すれば、文字や寸法のスタイル、線種などを改めて設定する必要がなく、効率よく図面が作成できます。また、同じテンプレートを基にして作成した複数の図面で、文字や寸法のスタイル、線種などの設定が統一されるので整合性を保てます。

この章で学ぶこと

- 文字スタイルを設定する
- 寸法スタイルを設定する
- 線種スタイルを設定する
- 画層を設定する
- 図枠を作成する
- テンプレートに
  名前を付けて保存する

4.1 テンプレート作成と図面設定

この節のポイント テンプレートの作成・文字/寸法スタイルの設定・線種/画層の設定・図枠の作成

テンプレート作成の流れ

図面を作成する際の基となるひな形ファイル「テンプレート」を作成します。
テンプレートは右のような手順で作成します。

テンプレート→ P.19

1. ファイルを新規作成する
2. 文字スタイルを設定する
3. 寸法スタイルを設定する
4. 線種と線種尺度を設定する
5. 画層を設定する
6. 図枠を作成する
7. テンプレートに名前を付けて保存する

ファイルを新規作成する

「acadltiso.dwt」(AutoCADの場合は「acadiso.dwt」)を使用して、ファイルを新規作成します。

クイック新規作成→ P.19

1 【クイック新規作成】ボタンをクリックし、「acadltiso.dwt」（AutoCADの場合は「acadiso.dwt」）を選択して開きます。

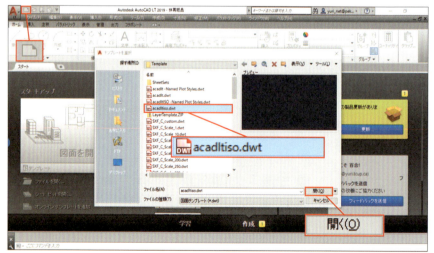

② ステータスバーの ▦【グリッド】ボタンをクリックし、オフにします。

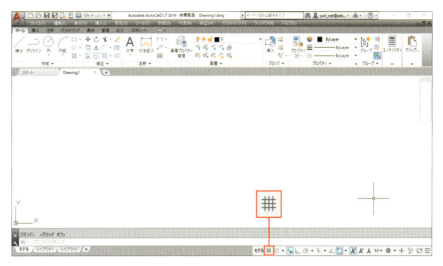

文字スタイルを設定する

図面作成の際に使用する文字のスタイルを設定します。文字スタイル設定では、文字スタイルの定義名や使用するフォントの種類を設定します。

部屋名をかく→ P.179

メニューバーを表示→ P.18

① 【形式】メニューの【文字スタイル管理】をクリックします。

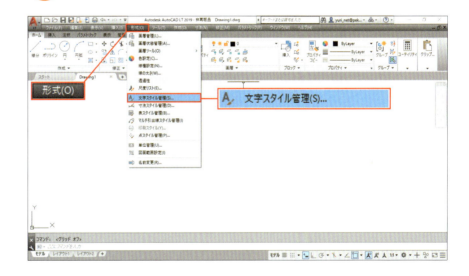

❷ 表示される【文字スタイル管理】ダイアログボックスの【新規作成】ボタンをクリックします。

❸ 表示される【新しい文字スタイル】ダイアログボックスの【スタイル名】に、任意の名前(ここでは「Text」)を入力し、【OK】ボタンをクリックします。

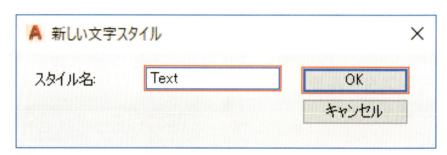

HINT 設定した文字スタイルは【文字スタイル】に表示される

本項で設定した文字スタイル「Text」は、AutoCAD LTのリボンの【注釈】タブの【文字スタイル】に、「現在の文字スタイル」として表示されます。
現在の文字スタイルが「Text」になっている状態で文字を作成すると、すべて「Text」の文字スタイルが適用されます。

> **注意**
> 手順❹で【MSゴシック】を選択できない場合は、【フォント】の【ビッグフォントを使用】のチェックを外すと選択可能となります。
>
> フォント
> フォント名(F):
> [T MS ゴシック ∨]
> □ ビッグフォントを使用(U)
>
> このチェックを外す

❹ 【文字スタイル管理】ダイアログボックスで【フォント】の【フォント名】をクリックし、表示されるプルダウンメニューの【MSゴシック】をクリックします。

❺ 【適用】ボタンをクリックします。

❻ 【現在に設定】ボタンをクリックします。

❼ 【閉じる】ボタンをクリックします。
これで使用する文字スタイルが設定されます。

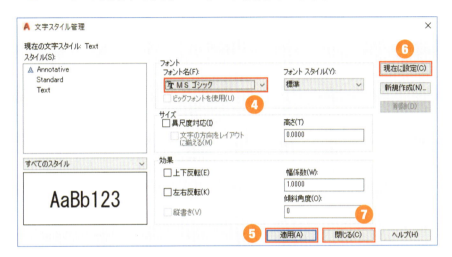

HINT 文字作成時の「文字の高さ」サイズ

設定した文字スタイルを使用して、図面に文字をかく際に入力する「文字の高さ」の設定値は、表のとおりです。

縮尺	印刷時の文字の高さ					
	2mm	3mm	5mm	7mm	10mm
	「文字の高さ」設定値				
1:1	2	3	5	7	10
1:10	20	30	50	70	100
1:50	100	150	250	350	500
1:100	200	300	500	700	1000
1:200	400	600	1000	1400	2000

寸法スタイルを設定する

図面作成の際に使用する寸法スタイルを設定します。
寸法スタイル設定では、寸法線の間隔や補助線の長さ、寸法文字スタイル、矢印のスタイル、縮尺などを設定できます。

寸法をかく→ P.114

1 【形式】メニューの【寸法スタイル管理】をクリックします。

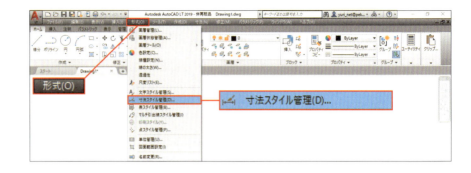

2 表示される【寸法スタイル管理】ダイアログボックスの【新規作成】ボタンをクリックします。

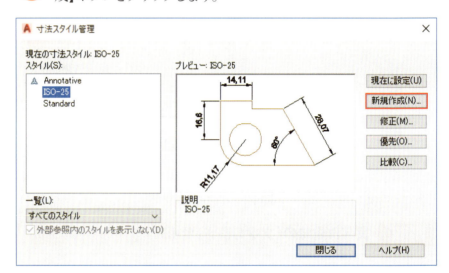

3 表示される【寸法スタイルを新規作成】ダイアログボックスの【新しいスタイル名】に、任意の名前（ここでは「Dim」）を入力し、【続ける】ボタンをクリックします。

メモ

手順⑤の【並列寸法の寸法線間隔】は、【並列寸法記入】コマンドを使用する際の寸法線間隔を設定します。

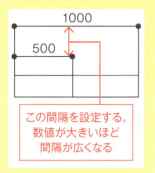

この間隔を設定する。数値が大きいほど間隔が広くなる

メモ

手順⑥の【補助線延長長さ】は、寸法補助線の延長線の長さを設定します。

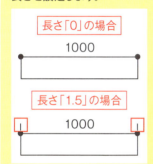

メモ

手順⑦の【起点からのオフセット】は、寸法補助線の起点からのオフセット距離を指定します。

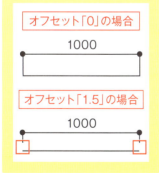

メモ

手順⑨で【矢印】の【1番目】を変更すると、【2番目】は自動的に変更されます。

---

④ 表示される【寸法スタイルを新規作成：Dim】ダイアログボックスの【寸法線】タブをクリックします。

⑤ 【寸法線】の【並列寸法の寸法線間隔】に、任意の数値（ここでは「7」）を入力します。

⑥ 【寸法補助線】の【補助線延長長さ】に、任意の数値（ここでは「0」）を入力します。

⑦ 【寸法補助線】の【起点からのオフセット】に、任意の数値（ここでは「0」）を入力します。

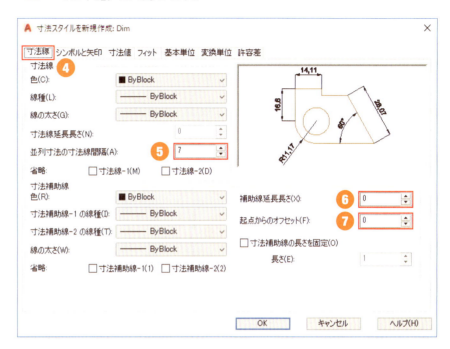

⑧ 【寸法スタイルを新規作成：Dim】ダイアログボックスの【シンボルと矢印】タブをクリックします。

⑨ 【矢印】の【1番目】をクリックし、表示されるプルダウンメニューの【黒丸】をクリックします。

⑩ 【矢印のサイズ】に、任意の数値（ここでは「1」）を入力します。

メモ

手順❾、❿の【矢印】では、寸法線両側の矢印形状とそのサイズを設定します。

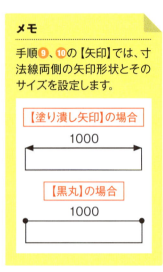

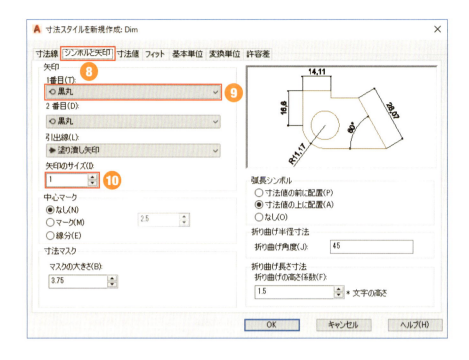

注意

前項で文字スタイル「Text」を作成していない場合は、手順⓬で【Text】を選択できません。

⓫ 【寸法スタイルを新規作成：Dim】ダイアログボックスの【寸法値】タブをクリックします。

⓬ 【寸法値の表示】の【文字スタイル】をクリックし、表示されるプルダウンメニューの【Text】をクリックします。

⓭ 【寸法線の配置】の【寸法線からのオフセット】に、任意の数値（ここでは「0.5」）を入力します。

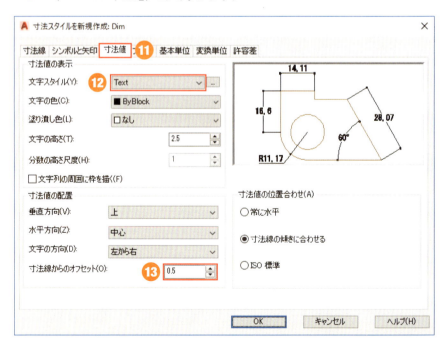

14 【寸法スタイルを新規作成：Dim】ダイアログボックスの【フィット】タブをクリックします。

15 【寸法図形の尺度】の【全体の尺度】をクリックし、任意の数値（ここでは「100」）を入力します。

16 【OK】ボタンをクリックし、【寸法スタイルを新規作成：Dim】ダイアログボックスを閉じます。

メモ

手順⑮の【全体の尺度】の入力値は、表を参考にしてください。

縮尺	全体の尺度の入力値
1：1	1
1：10	10
1：50	50
1：100	100
1：200	200

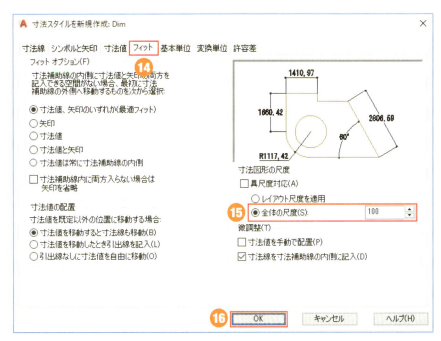

17 【寸法スタイル管理】ダイアログボックスの【現在に設定】ボタンをクリックします。

18 【閉じる】ボタンをクリックします。
これで寸法スタイルの設定が完了します。

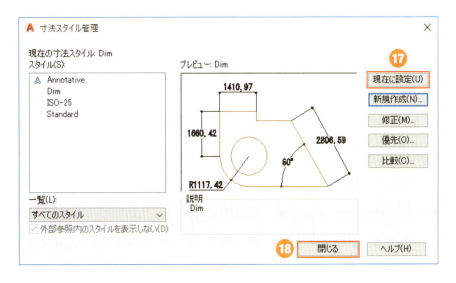

HINT 設定した寸法スタイルは【寸法スタイル】に表示される

本項で設定した寸法スタイル「Dim」は、AutoCAD LTのリボンの【注釈】タブの【寸法スタイル】に、「現在の寸法スタイル」として表示されます。
現在の寸法スタイルが「Dim」になっている状態で寸法を作成すると、すべて「Dim」の寸法スタイルが適用されます。

線種スタイルを設定する

図面で使用する線種と線種のピッチ間隔を設定します。ここでは、JIS規格の線種設定を行います。

1 【形式】メニューの【線種設定】をクリックします。

2 表示される【線種管理】ダイアログボックスの【ロード】ボタンをクリックします。

メモ

手順❸のように Ctrl キーを押しながらクリックすると、複数の項目を選択できます。

メモ

手順❺の【グローバル線種尺度】では、図面の縮尺に合わせて数値を入力します。これにより、図面を縮小して印刷した場合でも、破線の間隔が適切に保たれます。
【グローバル線種尺度】の入力値は表を参考にしてください。

縮尺	グローバル線種尺度の入力値
1:1	1
1:10	10
1:50	50
1:100	100
1:200	200

注意

【グローバル線種尺度】の入力欄が表示されていない場合は、【線種管理】ダイアログボックス右上にある【詳細を表示】ボタンをクリックしてください。

❸ 表示される【線種のロードまたは再ロード】ダイアログボックスの【使用可能な線種】で、キーボードの Ctrl キーを押しながら、「JIS_02_0.7」と「JIS_08_25」をクリックします。

❹ 【OK】ボタンをクリックします。

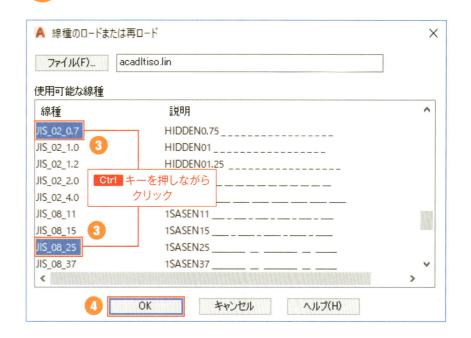

❺ 線種「JIS_02_0.7」と「JIS_08_25」が使用線種に追加されます。【線種管理】ダイアログボックスの【グローバル線種尺度】に任意の数値(ここでは「100」)を入力します。

❻ 【OK】ボタンをクリックします。
これで線種と線種尺度が設定されます。

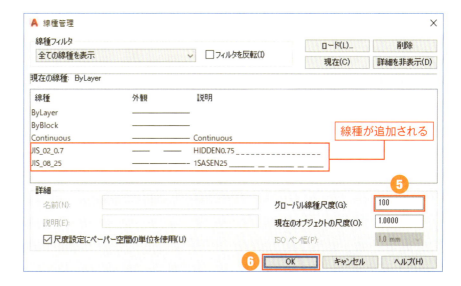

画層を設定する

画層の「名前」をはじめ、画層で使用する「線色」「線種」「線の太さ」を設定します。

画層→ P.89

> **注意**
> 標準で用意されている[0]画層は、「ブロック」用の特別な画層ですので使用しないでください。

1 【画層プロパティ管理】ボタンをクリックします。

2 表示される【画層プロパティ管理】パレットの【新規作成】ボタンをクリックします。

3 新規作成された画層の名前部分をクリックし、任意の名前（ここでは「壁芯」）を入力します。

4 [壁芯]画層の色を「white」（白）から「magenta」（赤紫色）に変更します。[壁芯]画層の【色】の【white】をクリックします

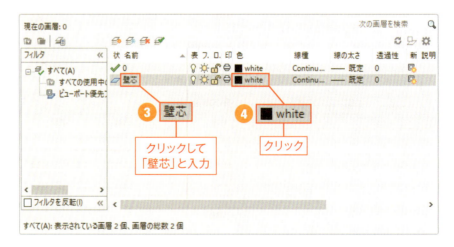

5 表示される【色選択】ダイアログボックスで【magenta】をクリックし、【OK】ボタンをクリックします。

これで、[壁芯]画層の色が「magenta」に設定されます。

6 [壁芯]画層で使用する線種を追加します。
【画層プロパティ管理】パレットで[壁芯]画層の【線種】の【Continuous】をクリックします。

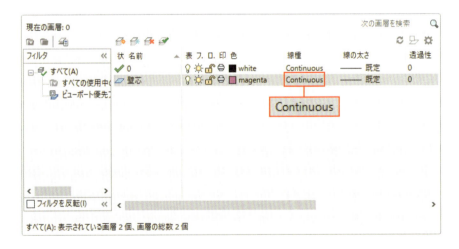

7 表示される【線種を選択】ダイアログボックスの【JIS_08_25】をクリックします。

8 【OK】ボタンをクリックします。
これで［壁芯］画層で使用する線種が設定されます。

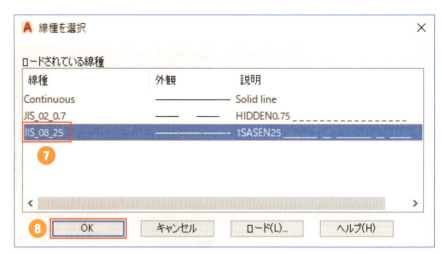

9 ［壁芯］画層で使用する線の太さを設定します。
【画層プロパティ管理】パレットで［壁芯］画層の【線の太さ】の【既定】をクリックします。

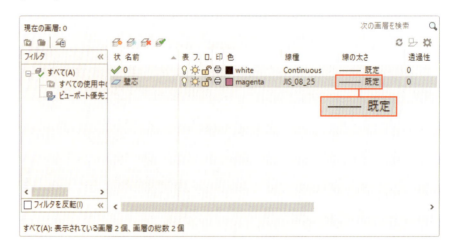

10 表示される【線の太さ】ダイアログボックスの【0.09 mm】をクリックします。

11 【OK】ボタンをクリックします。
これで[壁芯]画層で使用する線の太さが設定されます。

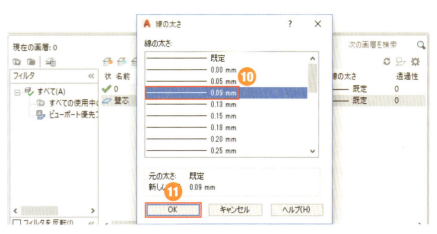

12 手順❷～⓫と同様に[壁]や[建具][図枠][寸法文字]などの画層設定を行います。それぞれの設定値は表を参考にしてください。

画層名	色	線種	線の太さ
壁芯	magenta	JIS_08_25	0.09
壁	white	Continuous	0.30
建具	cyan	Continuous	0.20
図枠	white	Continuous	0.50
寸法文字	green	Continuous	0.25
補助線	red	Continuous	0.00
その他	blue	Continuous	0.20

13 設定後、【画層プロパティ管理】パレットが図のように設定されていることを確認します。

HINT ステータスバーの【線の太さ】を「オン」にすると画面に反映される

本項で設定した線の太さは、ステータスバーの【線の太さ】ボタンをオンにすると、画面上の表示に反映されます。
画面右下の【カスタマイズ】ボタンをクリックし、表示されるメニューの【線の太さ】をクリックしてチェックを入れると、【線の太さ】ボタンが表示されます。

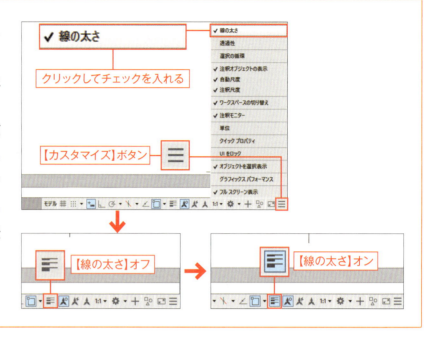

図枠を作成する

図枠（図面枠）を作成します。図枠の大きさはP.204のHINTを参考にしてください。

【長方形】コマンド→ P.54

1 【画層】をクリックし、表示されるプルダウンメニューの【図枠】をクリックします。

2 【長方形】ボタンをクリックします。

3 キーボードから「0,0」と入力し、Enterキーを押します。

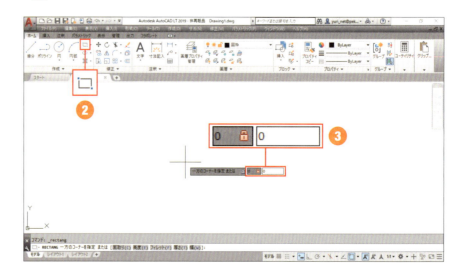

> **メモ**
> 手順❹では、A4サイズ(297×210mm)の図面を想定しているため、図枠のサイズとして「@29700, 21000」と入力しています。

❹ 続けて、キーボードから「@29700,21000」と入力し、Enter キーを押します。

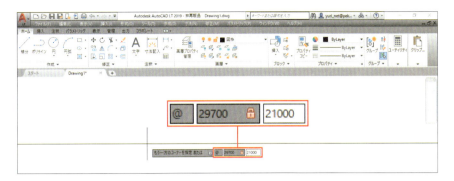

❺ 0,0を原点とした横29,700×縦21,000のサイズの長方形が作成されます。
【オブジェクト範囲ズーム】で、長方形全体を表示します。

❻ 長方形をクリックして選択します。

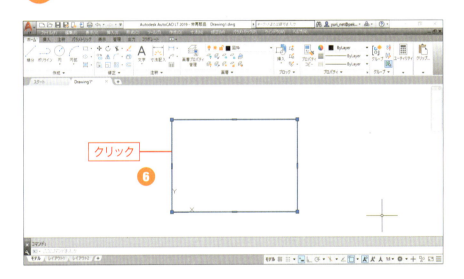

❼ 【オフセット】ボタン(2018 / 2017は▢)をクリックします。

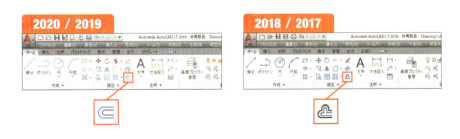

> **メモ**
> 手順❽の図枠のオフセット入力値は、表を参考にしてください。
>
> | 縮尺 | 図枠のオフセットの入力値 |
> |---|---|
> | 1:1 | 15 |
> | 1:10 | 150 |
> | 1:50 | 750 |
> | 1:100 | 1500 |
> | 1:200 | 3000 |

❽ キーボードから「1500」と入力し、Enterキーを押します。

❾ 長方形の内側をクリックします。

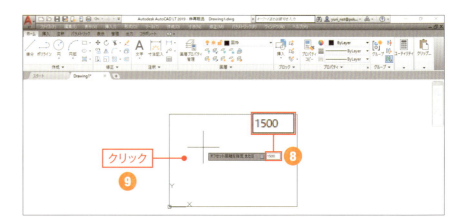

❿ 長方形が基の長方形の内側1,500の位置にオフセットされます。キーボードのEnterキーを押してコマンドを終了します。
これで図枠が完成です。

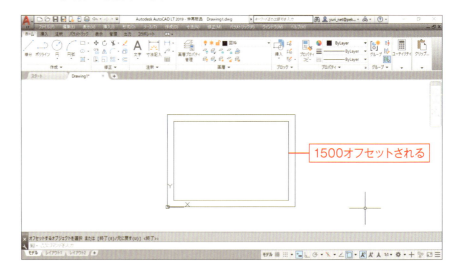

HINT 縮尺と印刷用紙サイズごとの図枠寸法

手順❹で入力する長方形の寸法は、縮尺1：100、A4サイズの印刷用紙に合わせて「29,700×21,000」としています。
それ以外の縮尺、印刷用紙サイズの場合は表を参考に図枠寸法を入力してください。

縮尺	A1サイズ	A2サイズ	A3サイズ	A4サイズ
1:1	841 × 594	594 × 420	420 × 297	297 × 210
1:10	8,410 × 5,940	5,940 × 4,200	4,200 × 2,970	2,970 × 2,100
1:50	42,050 × 29,700	29,700 × 21,000	21,000 × 14,850	14,850 × 10,500
1:100	84,100 × 59,400	59,400 × 42,000	42,000 × 29,700	29,700 × 21,000
1:200	168,200 × 118,800	118,800 × 84,000	84,000 × 59,400	59,400 × 42,000

テンプレートに名前を付けて保存する

図面設定を行ったテンプレートに名前を付けて保存します。

メモ

テンプレートの【ファイル名】や【説明】には、使用目的や印刷サイズ、縮尺などをわかりやすく入力しておくと、テンプレートを選択する際に便利です。

1 【ファイル】メニューの【名前を付けて保存】をクリックします。

2 表示される【図面に名前を付けて保存】ダイアログボックスの【ファイルの種類】をクリックし、表示されるプルダウンメニューの【AutoCAD LT図面テンプレート(*.dwt)】をクリックします。

3 【ファイル名】に任意の名前(ここでは「A4-100」)を入力します。

4 【保存】ボタンをクリックします。

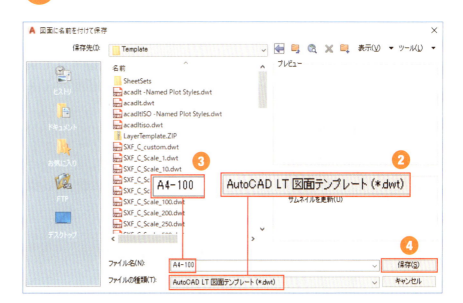

⑤ 表示される【テンプレートオプション】ダイアログボックスの【説明】に、テンプレートの説明（ここでは「A4サイズ 縮尺1:100」）を入力します。

⑥ 【OK】ボタンをクリックします。
これで文字スタイル、寸法スタイルをはじめ、色、線種、線の太さ、図枠などが設定されたテンプレートが完成です。

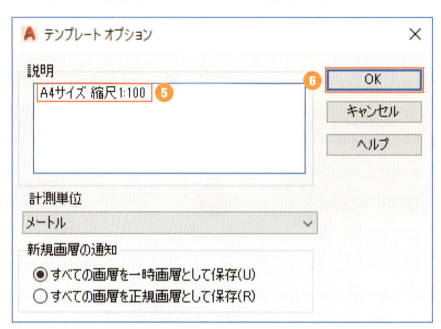

▶▶困ったときは

拡張子が表示されない
→ P.218

⑦ 作成したテンプレートファイルを閉じます。P.19の手順❶〜❷を参考に、作成したテンプレートファイル「A4-100.dwt」が「Template」フォルダ内に登録されているかを確認します。

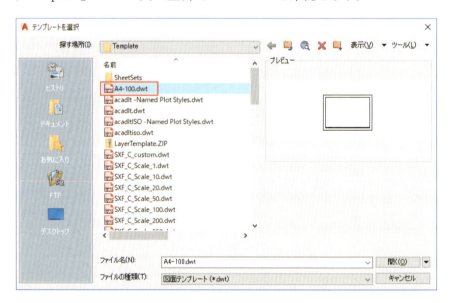

第5章

トラブル解決集

第1章～第4章で解説しているAutoCAD LTの機能やツール、
操作方法について、解説どおりに操作できないなどの
トラブルと、その解決方法を紹介しています。
本書解説ページに記載されている「困ったときは」と
関連していますので、操作の際の参考にしてください。

トラブル項目

- ファイル選択のダイアログボックスが表示されない
- 作図領域の色が違う
- 図形が1つしか選択できない
- 作図領域に「プロンプト」が表示されない
- ホイールボタンがうまく機能しない
- ナビゲーションバーが表示されていない
- 数値が入力できない
- 画層が変更できない

- 線色や線種が異なる
- クリックしても線分がかけない
- 指定した角度で回転できない
- 【延長】コマンドで図形が延長できない
- 【長さ変更】で図形の反対側が延長（短縮）される
- 右クリックしてもコンテキストメニューが表示されない
- 【プロパティ】パレットが表示されない
- クリックしてもオフセットされない
- 拡張子が表示されない

ファイル選択のダイアログボックスが表示されない

作成した図面ファイルやテンプレートファイルなどを開く際に、開くファイルを選択するダイアログボックスが表示されない場合は、「システム変数」の設定を変更します。

システム変数→ P.122

> **メモ**
> 「FILEDIA」はシステム変数の1つで、ファイル選択のダイアログボックスを表示するかどうかを決定します。FILEDIAの値が「1」のときはダイアログボックスを表示し、「0」のときは表示しません。

① キーボードから「FILEDIA」と入力し、Enter キーを押します。入力内容はカーソル付近に表示されます。

② キーボードから「1」と入力し、Enter キーを押します。
これで、ファイル選択のダイアログボックスが表示される設定に変更されます。

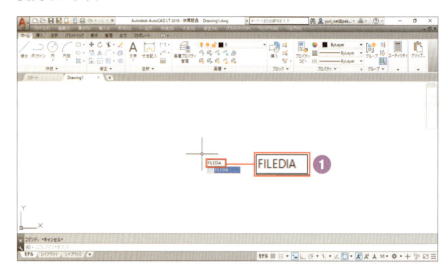

作図領域の色が違う

AutoCAD LTは、バージョンによって作図領域の色が異なります。作図領域の色は【オプション】ダイアログボックスで変更できます。

① ここでは作図領域の色を「白」に変更します。
【ツール】メニューの【オプション】をクリックします。

② 表示される【オプション】ダイアログボックスの【表示】タブをクリックし、【色】ボタンをクリックします。

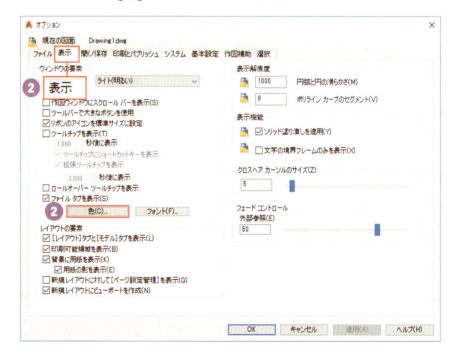

③ 表示される【作図ウィンドウの色】ダイアログボックスの【コンテキスト】で【2Dモデル空間】を、【インタフェース要素】で【背景】をクリックします。

④ 【色】をクリックし、表示されるプルダウンメニューで背景色にする色（ここでは【White】）をクリックします。
【適用して閉じる】ボタンをクリックします。

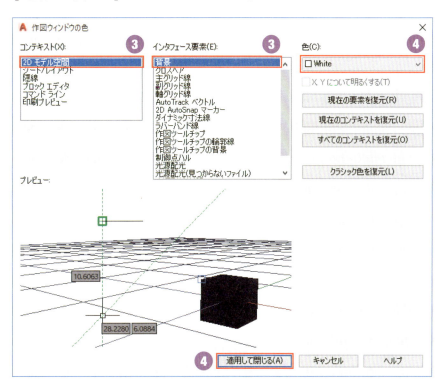

⑤ 【オプション】ダイアログボックスの【OK】ボタンをクリックします。これで作図領域の色が白に変更されます。

図形が1つしか選択できない

クリックして複数の図形などを選択する際、1つだけしか選択できない場合は「システム変数」の設定を変更します。

システム変数→ P.122

メモ

「PICKADD」はシステム変数の1つで、図形を「追加選択」するかどうかを決定します。PICKADDの値が「0」のときは最後にクリックした図形だけが選択され（その前に選択していた図形は選択解除される）、「1」のときはクリックで複数の図形を選択できます。「2」のときも同様ですが、SELECTコマンドを使用した場合に、コマンドが終了した後も選択した図形の選択を保持するという違いがあります（本書ではSELECTコマンドに触れていないので、詳しい解説は省きます）。

1. キーボードから「PICKADD」と入力し、Enter キーを押します。入力内容はカーソル付近に表示されます。

2. キーボードから「2」と入力し、Enter キーを押します。これで、クリックで複数の図形を選択できる設定に変更されます。

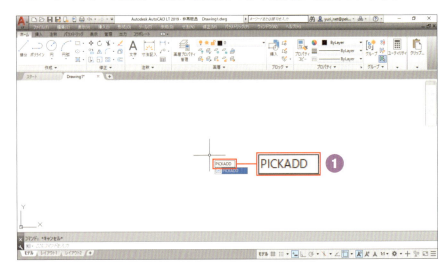

作図領域に「プロンプト」が表示されない

コマンドを実行したときに作図領域に表示される操作説明「プロンプト」が表示されない場合は、ステータスバーの【ダイナミック入力】ボタンを「オン」にします。

ステータスバー→ P.15

プロンプト→ P.21

ステータスバーの【ダイナミック入力】ボタンをクリックして「オン」にします。これで「プロンプト」が表示されます。

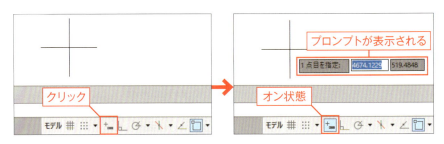

ホイールボタンが うまく機能しない ①

マウスボタンの設定によっては、ホイールボタンを押しながらマウスを動かしても画面が移動できなかったり、ホイールボタンをダブルクリックしても【オブジェクト範囲ズーム】が実行されないことがあります。このような場合はマウスボタンの設定を変更します。

画面移動→ P.33

**【オブジェクト範囲ズーム】
コマンド→ P.35**

> **注意**
> 手順では、OSがWindows 10で、マイクロソフト製マウスを使用している場合の設定方法を説明しています。Windows 8/8.1の場合は【スタート】画面から【アプリ】画面に移動して、【Microsoft マウス キーボード センター】をクリックしてください。
> その他のマウスを使用している場合は、【Microsoftマウスキーボードセンター】は(マイクロソフトのサイトからダウンロード、インストールすることはできますが)使用できません。代わりに、同様の設定変更をできるツールがメーカーから提供されている場合があります。それを使うことで、何らかの原因で変更されたホイール動作を初期設定に戻すことができます。

1 Windowsの【スタート】ボタンをクリックし、表示されるスタートメニューの【Microsoft マウス キーボード センター】をクリックします。

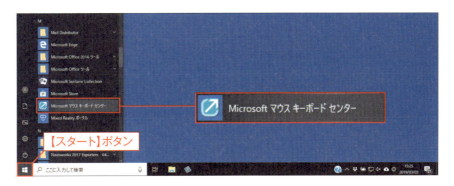

2 表示される【Microsoft マウス キーボード センター】の【ホイールボタン】をクリックします。

3 表示される【ホイールボタン】の【中クリック】をクリックします。
☒ 【閉じる】ボタンをクリックして【Microsoft マウス キーボード センター】を閉じます。これで設定完了です。

HINT　マウスのデバイスドライバを確認する

マウスのデバイスドライバを最新のものに更新することで、マウスの問題が解決する場合もあります。マウスのヘルプやマニュアル、およびメーカーサイト上のFAQ（よくある質問と回答）や最新ドライバ情報などを確認しましょう。

ホイールボタンがうまく機能しない②

前項にてマウスボタンの設定を変更しても、画面移動が行えない場合は、システム変数の設定を変更します。

システム変数→ P.122

> **メモ**
> 「MBUTTONPAN」はシステム変数の1つで、ホイールボタンを押したままドラッグしたときの動作を決定します。MBUTTONPANの値が「1」のときは画面移動ができ、「0」のときはカスタマイズファイルに定義されているアクションを実行します。

1. キーボードから「MBUTTONPAN」と入力し、Enterキーを押します。入力内容はカーソル付近に表示されます。
2. キーボードから「1」と入力し、Enterキーを押します。これで、ホイールボタンを押したままドラッグすると、画面移動ができるように変更されました。

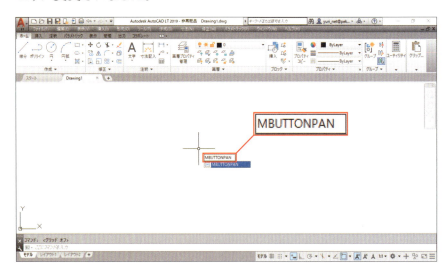

HINT　ナビゲーションバーからも画面移動やズームを実行できる

画面移動やオブジェクト範囲ズームはナビゲーションバーからも実行できます。画面移動はマウスの左ボタンのドラッグで行い、中止する場合にEscキーを押します。
ナビゲーションバーが表示されない場合は、P.213「ナビゲーションバーが表示されていない」を参照してください。

ナビゲーションバーが表示されていない

ナビゲーションバーが表示されていない場合は、リボンより表示設定を行います。

① 【表示】タブをクリックし、【ビューポートツール】パネルの【ナビゲーションバー】ボタンをクリックします。

② ナビゲーションバーが表示されます。

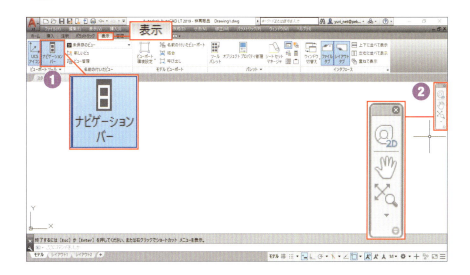

数値が入力できない

数値入力で図形などを作成する際、数値が入力できない場合は、入力モードを「半角英数」に変更します。

数値入力→ P.40

注意
ここではWindows 10に対応した日本語入力システム（IME）の場合について説明しています。その他の日本語入力システムを使用している場合は、それぞれのヘルプなどを参照してください。

① WindowsのタスクバーからIMEの【入力モード】ボタンを右クリックします。

② 表示されるプルダウンメニューの【半角英数】をクリックします。これで数値入力が可能となります。

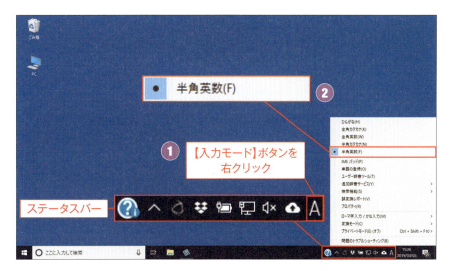

画層が変更できない

画層が変更できない場合、
1. 画層の名前部分をクリックしていない
2. コマンドを実行中
3. 画層がフリーズ状態

という3つの原因が考えられます。
状況に応じて確認してみましょう。

画層→P.89

> **メモ**
> 「フリーズ」になっている画層は「非表示」になっています。また、図形や線の作成や編集、削除なども行えません。

1 画層の名前部分をクリックしていない

【画層】をクリックし、表示されるプルダウンメニューの変更したい画層の名前部分をクリックします。

画層の名前部分をクリックする

2 コマンドを実行中

1. キーボードの Esc キーを押し、現在実行中のコマンドを終了します。

2. 【画層】をクリックし、表示されるプルダウンメニューの変更したい画層の名前部分をクリックします。

画層の名前部分をクリックする

3 画層がフリーズ状態

【画層】をクリックして表示されるプルダウンメニューで、変更したい画層の ❋ (フリーズ)をクリックし、☀ (フリーズ解除)に切り替えます。

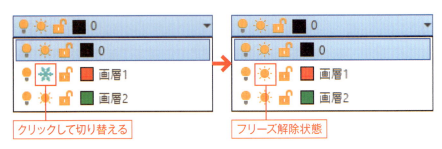

クリックして切り替える → フリーズ解除状態

線色や線種が異なる

画層で設定したものと異なる色や線種で図形が作成される場合、【色】や【線種】を「ByLayer」に設定します。

画層→ P.89

① 【色】または【線種】をクリックします。

② 表示されるプルダウンメニューの【ByLayer】をクリックして画層を変更します。

これで、現在画層の色や線種で図形を作成できます。

クリックしても線分がかけない

【線分】コマンドや【長方形】コマンドで図形がかけない場合は、画層を表示状態に切り替えます。

① キーボードの Esc キーを押し、現在実行中のコマンドを終了します。

② 【画層】をクリックし、表示されるプルダウンメニューで、表示したい画層の （画層を非表示）をクリックし、 （画層を表示）に切り替えます。

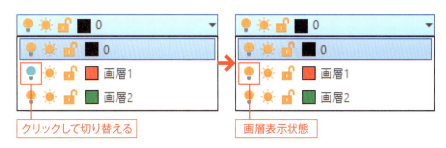

指定した角度で回転できない

AutoCAD LTでの回転角度は、反時計(左)回りが＋(プラス)、時計(右)回りが－(マイナス)です。

【回転】コマンド→ P.71

図を参考に角度を入力してください。

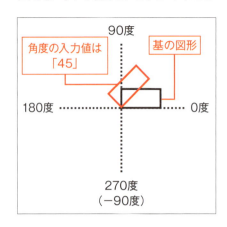
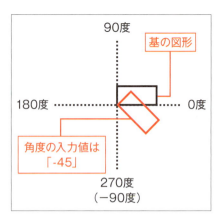

【延長】コマンドで図形が延長できない

【延長】コマンドで図形を延長する場合、図形の延長する側をクリックする必要があります。

【延長】コマンド→ P.77

延長したい図形の、延長の基準線に近い側をクリックします。基準線から遠い(反対)側をクリックしても延長されません。

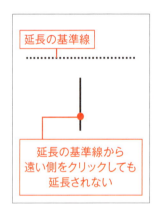
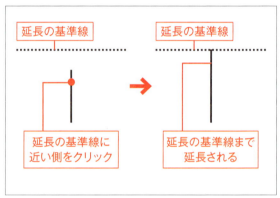

【長さ変更】で図形の反対側が延長(短縮)される

【長さ変更】で図形を延長(短縮)する場合は、図形をクリックする位置の違いにより、延長(短縮)される方向が変わります。

【長さ変更】→ P.79

【長さ変更】で図形を延長(短縮)する場合は、図形の延長(短縮)したい側をクリックします。

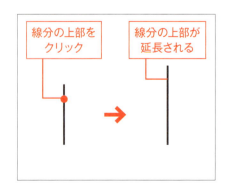
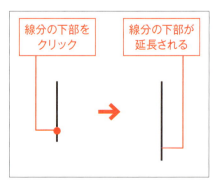

右クリックしても コンテキスト メニューが 表示されない

コンテキストメニューを表示するには、作図領域を右クリックします。

注意
コマンドウィンドウに「オプション」が表示されていない場合は、作図領域内で右クリックしてもコンテキストメニューは表示されません。Escキーを押して操作をやり直してください

① コマンドウィンドウに「オプション」が表示されている状態で、作図領域の任意の位置で右クリックします。

② コンテキストメニューが表示されます。

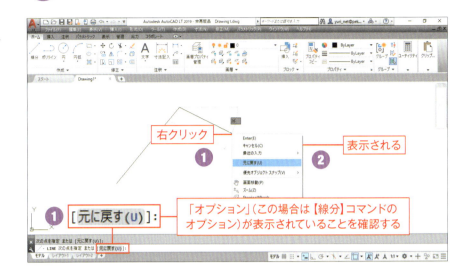

【プロパティ】 パレットが 表示されない

設定によっては【プロパティ】パレットの「タイトルバー」だけが表示されている場合があります。タイトルバー上にカーソルを移動させるとパレットが展開されます。

【プロパティ】パレット→P.92

① 【プロパティ】パレットの「タイトルバー」上にカーソルを移動します。

② 【プロパティ】パレットが展開されます。

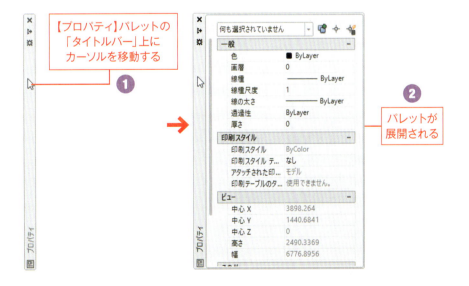

クリックしてもオフセットされない

【オフセット】コマンドで図形をオフセットする際、オフセットの基となる図形に近い位置にカーソルがあると、「オブジェクトスナップ」のマーカーが表示されクリックしてもオフセットできません。
オフセットの基となる図形から離れた場所、オブジェクトスナップのマーカーが表示されない位置でクリックしてください。

【オフセット】コマンド→P.66

1 オフセットする基の図形に表示されるオブジェクトスナップのマーカーが、非表示になる位置までカーソルを移動します。

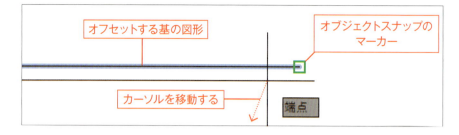

2 オブジェクトスナップのマーカーが非表示になった状態でクリックします。

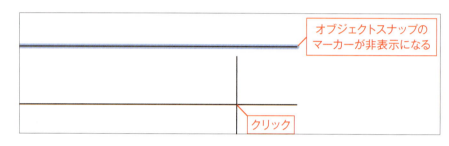

拡張子が表示されない

拡張子とは、ファイル名の後に「．(ピリオド)＋3文字前後の英数字」で表す文字のことです。これを確認することでファイル形式を判別することが可能になります。Windows 8/8.1/10の場合、エクスプローラーの設定を変更することで表示されます。

1 エクスプローラーを起動します。

2 【表示】タブの【表示/非表示】パネルから【ファイル名拡張子】にチェックを入れます。

索 引

英数字

0画層	198
2点間中点	176
ATTDIA	122
AutoCAD LT	
体験版	6, 12
動作環境	12
バージョン	6, 10
ByLayer	215
Deleteキー	27
Enterキー	21
Escキー	23
FILEDIA	208
IME	213
MBUTTONPAN	212
PICKADD	210
Templateフォルダ	206

あ行

新しい文字スタイルダイアログボックス	190
アプリケーションボタン	14
アプリケーションメニュー	96
位置合わせオプション	181
移動（作図領域）	33
移動コマンド／ボタン	125
色選択ダイアログボックス	199
印刷	184
印刷－モデルダイアログボックス	184
印刷オフセット	184
印刷尺度	184
用紙にフィット	184
印刷スタイルテーブル	185
acadlt.ctb	185
monochrome.ctb	185
印刷対象	184
オブジェクト範囲	184
印刷領域	184

尺度	184
図面の方向	184
プリンタ／プロッタ	184
プレビューボタン	185
用紙サイズ	184
印刷プレビュー	186
印刷ボタン	186
印刷ボタン	184, 186
ウィンドウメニュー	15
上書き保存コマンド／ボタン	36, 183
円弧コマンド／ボタン	
中心、始点、終点	58
円コマンド／ボタン	56
延長コマンド／ボタン	77, 166, 216
延長の基準線	78, 216
オブジェクトスナップ	
2点間中点	176
設定	44, 108
マーカー	45, 218
オブジェクトスナップボタン	15, 44, 108
オブジェクト範囲ズーム	35, 211
オブジェクトプロパティ管理コマンド／ボタン	92
オプション	16
オプションダイアログボックス	17, 208
色ボタン	208
表示タブ	208
オフセットコマンド／ボタン	66, 100, 103, 218
画層オプション	128
現在の画層	128

か行

カーソル	14
開口部	156
回転角度	216
回転コマンド／ボタン	71, 177
鏡像コマンド／ボタン	69
拡大（作図領域）	31
拡張子	218

219

画層	89～95, 198, 214
画層を非表示	139, 215
画層を表示	139, 215
フリーズ	214
フリーズ解除	214
画層オプション	128
現在の画層	128
画層プロパティ管理コマンド／ボタン	198
画層プロパティ管理パレット	198
新規作成ボタン	198
壁線	127
基準線（境界エッジ）	77
基準線（切り取りエッジ）	73
キッチン	174
教材データのダウンロード	10
極トラッキングボタン	15
クイックアクセスツールバー	14
クイック新規作成コマンド／ボタン	19
グリッドボタン	15, 20
グリップ	24
グローバル線種尺度	197
形式メニュー	15
寸法スタイル管理	192
線種設定	196
文字スタイル管理	189
現在の画層	90, 128, 215
現在の寸法スタイル	196
現在の文字スタイル	190
交差選択	26
コマンド	14, 15
検索	96
コマンドウィンドウ	14, 18
コマンドライン	14
コンテキストメニュー	217

さ行

作図ウィンドウの色ダイアログボックス	209
色	209
インタフェース要素	
背景	209
コンテキスト	
2Dモデル空間	209
適用して閉じるボタン	209
作図補助設定ダイアログボックス	45, 109

作図領域	14, 31～35
作図領域の色	17, 208
作成メニュー	15
システム変数	122
ATTDIA	122
FILEDIA	208
MBUTTONPAN	212
PICKADD	210
修正メニュー	15
縮小（作図領域）	32
推測線（ラバーバンド）	39
数値入力	40, 213
ステータスバー	14, 15, 20
オブジェクトスナップボタン	15, 44, 108
極トラッキングボタン	15
グリッドボタン	15, 20
スナップモードボタン	15
線の太さボタン	202
ダイナミック入力ボタン	15, 17, 20
直交モードボタン	15, 39
スナップモードボタン	15
図面に名前を付けて保存ダイアログボックス	205
ファイルの種類	205
ファイル名	205
保存ボタン	205
図枠	202
図枠寸法	204
寸法	114～121
寸法スタイル	192
寸法スタイル管理ダイアログボックス	192
現在に設定ボタン	195
新規作成ボタン	192
寸法スタイルを新規作成ダイアログボックス	192
新しいスタイル名	192
黒丸	193
シンボルと矢印タブ	193
寸法図形の尺度	
全体の尺度	195
寸法線	
並列寸法の寸法線間隔	193
寸法線タブ	193
寸法線の配置	
寸法線からのオフセット	194
寸法値タブ	194
寸法値の表示	

文字スタイル	194
寸法補助線	
起点からのオフセット	193
補助線延長長さ	193
塗り潰し矢印	194
フィットタブ	195
矢印	
1番目	193
矢印のサイズ	193
寸法メニュー	15
設備	171
線種	89〜95, 199, 215
線種管理ダイアログボックス	196
グローバル線種尺度	197
ロードボタン	196
線種スタイル	196
線種のロードまたは再ロードダイアログボックス	197
使用可能な線種	197
線種を選択ダイアログボックス	200
線色	89〜95, 198, 215
線の太さ	200
線の太さダイアログボックス	201
線の太さボタン	202
線分コマンド／ボタン	21, 39
増減オプション	80, 107
相対座標	52
挿入メニュー	15
属性編集ダイアログボックス	122, 124

た行

体験版	6, 12
ダイナミック入力ボタン	15, 17, 20
建具	171
長方形コマンド／ボタン	54
直列寸法記入コマンド／ボタン	118
直交モードボタン	15, 39
ツールチップ	19
ツールメニュー	15
オプション	208
テンプレート	19, 187
テンプレートオプションダイアログボックス	206
説明	206
テンプレートを選択ダイアログボックス	19
ドア	171

トイレ	174
動作環境	12
通り芯	99
通り芯記号	122
閉じるボタン	16, 36, 93
トリムコマンド／ボタン	73, 105

な行

長さ寸法記入コマンド／ボタン	117
長さ変更コマンド／ボタン	79, 106, 216
増減オプション	80, 107
ナビゲーションバー	14, 212, 213
ナビゲーションバーコマンド／ボタン	213
名前を付けて保存	36, 205
入力モード	213

は行

バージョン	6, 10
ハイライト表示	24
柱	132
パラメトリックメニュー	15
パレット	14
半径オプション	83, 86, 141
表示メニュー	15
開くコマンド／ボタン	29
ファイルタブ	14
ファイル名拡張子	218
ファイルメニュー	15
名前を付けて保存	36, 205
ファイルを選択ダイアログボックス	29, 208
フィレットコマンド／ボタン	82
半径オプション	83, 86, 141
複写コマンド／ボタン	61
ブロック	122, 171
ブロック挿入コマンド／ボタン	123, 171, 175
プロパティコピーコマンド／ボタン	94
プロパティパレット	14, 217
画層	92
プロンプト	15, 21, 210
分解コマンド／ボタン	114
部屋名	179
ヘルプメニュー	15
編集メニュー	15

221

ホイールボタン ……………………………… 31, 211, 212
ポリライン ………………………………………… 114

ま行

マウス ……………………………………………… 31
マウスの設定
　ホイールボタン ……………………… 211, 212
窓 ……………………………………………… 171
窓ズームコマンド／ボタン …………………… 34
窓選択 …………………………………………… 25
メニューバー …………………………………… 14, 15
　ウィンドウメニュー …………………………… 15
　形式メニュー …………………………………… 15
　作成メニュー …………………………………… 15
　修正メニュー …………………………………… 15
　寸法メニュー …………………………………… 15
　挿入メニュー …………………………………… 15
　ツールメニュー ………………………………… 15
　パラメトリックメニュー ……………………… 15
　表示メニュー …………………………………… 15
　ファイルメニュー ……………………………… 15
　ヘルプメニュー ………………………………… 15
　編集メニュー …………………………………… 15
文字記入コマンド／ボタン …………………… 180
　位置合わせオプション ………………………… 181
文字スタイル …………………………………… 189
文字スタイル管理ダイアログボックス ……… 190
　現在に設定ボタン ……………………………… 191
　新規作成ボタン ………………………………… 190
　適用ボタン ……………………………………… 191
　フォント ………………………………………… 191
　　ビッグフォントを使用 …………………… 191
　　フォント名 ………………………………… 191
文字の高さ ……………………………………… 191
元に戻すコマンド／ボタン …………………… 28

ら行

リボン ……………………………………………… 14
練習用ファイル ………………………………… 10

送付先FAX番号▶03-3403-0582　メールアドレス▶info@xknowledge.co.jp
インターネットからのお問合せ▶http://xknowledge-books.jp/support/toiawase

FAX質問シート

やさしく学ぶAutoCAD LT [AutoCAD LT 2020/2019/2018/2017対応]

P.2の「必ずお読みください」と以下を必ずお読みになり、ご了承いただいた場合のみご質問をお送りください。

● 「本書の手順通り操作したが記載されているような結果にならない」といった本書記事に直接関係のある質問にのみご回答いたします。「このようなことがしたい」「このようなときはどうすればよいか」など特定のユーザー向けの操作方法や問題解決方法については受け付けておりません。

● 本質問シートでFAXまたはメールにてお送りいただいた質問のみ受け付けております。お電話による質問はお受けできません。

● 本質問シートはコピーしてお使いください。また、必要事項に記入漏れがある場合はご回答できない場合がございます。

● メールの場合は、書名と本シートの項目を必ずご記入のうえ、送信してください。

● ご質問の内容によってはご回答できない場合や日数を要する場合がございます。

● パソコンやOSそのもの、ご使用の機器や環境についての操作方法・トラブルなどの質問は受け付けておりません。

ふりがな

氏名　　　　　　　　　　　　　　　　　　　年齢　　　歳　　　　　性別　男　・　女

回答送付先（FAXまたはメールのいずれかに○印を付け、FAX番号またはメールアドレスをご記入ください）

FAX　・　メール

※送付先ははっきりとわかりやすくご記入ください。判読できない場合はご回答いたしかねます。※電話による回答はいたしておりません

ご質問の内容（本書記事のページおよび具体的なご質問の内容）
※例）2-1-3の手順4までは操作できるが、手順5の結果が別紙画面のようになって解決しない。

【本書　　　　　ページ　～　　　　　ページ】

ご使用のWindowsのバージョンとビット数　※該当するものに○印を付けてください

　10　　　　8.1　　　　8　　　　7　　　　その他（　　　　　　　　）32bit　／　64bit
ご使用のAutoCAD LTのバージョン　※例）2020

　（　　　　　　　　　）

著者プロフィール
芳賀百合（はが ゆり）

CADインストラクター。AutoCADに造詣が深く、長年、初心者にはわかりやすく、上級者には実務に即したテクニックを指導。主な著書に、『AutoCAD LTできちんと土木図面をかく方法』『だれでもできるAutoCAD LT［土木編］』『これからCIMをはじめる人のためのAutoCAD Civil 3D入門』（いずれもエクスナレッジ刊）がある。
AutoCADの使い方や設計業務のさまざまな情報を発信するブログ（https://blog.ybizeff.com/）を運営中。

やさしく学ぶAutoCAD LT
AutoCAD LT 2020/2019/2018/2017対応

2019年6月29日　初版第1刷発行

著者　　　芳賀 百合

発行者　　澤井聖一
発行所　　株式会社エクスナレッジ
　　　　　〒106-0032　東京都港区六本木7-2-26
　　　　　http://www.xknowledge.co.jp/

● 問合せ先
編集　　223ページのFAX質問シートを参照してください
販売　　TEL 03-3403-1321 ／ FAX 03-3403-1829
　　　　info@xknowledge.co.jp

● 無断複製の禁止
本誌掲載記事（本文、図表、イラスト等）を当社および著作権者の承諾なしに無断で転載（翻訳、複写、データベースへの入力、インターネットでの掲載等）することを禁じます。

© 2019 Yuri Haga